幼儿园园本课程孵化丛书

美有一百种表达
幼儿园美诉课程

黄蓉蓉 编著

浙江教育出版社·杭州

编写人员

黄蓉蓉　程海霞　高业璇　王佩斐
王莲萍　周钰欣　丁敏慧　舒　沁
朱　芸　袁梦倩　陈　怡　程　伟
袁嘉婕　俞铭芳　柴利霞　丁　洪

步步留痕向优质

幼儿园是一个有别于学校的教育机构，幼儿园教师不能满足于教学设计，这是因为幼儿园没有固定的教材，也没有课程标准，只有作为儿童发展蓝图——《3—6儿童学习与发展指南》（以下简称《指南》）。幼儿园要根据《指南》的精神，结合幼儿园的实际、儿童发展的现实、教师的现实和资源的现实，确定适宜的课程目标和内容。因此，幼儿园教师需要关注课程设计，哪怕一开始仅仅是一天的课程，一周的课程，一个月的课程。其实，作为一个教师，对自己所在年龄班的一个学期、一个学年课程能熟练地计划和落实，是现代幼儿园教育对专业化教师的基本要求。这是20世纪80年代以来，幼儿园课程与教学发展的重要内容，也是教师成长的基本历程。正是从这个意义上说，幼儿园教师是专业人员，是需要课程设计、实施和评价的基本意识和能力的，也可以说，幼儿园教师的工作具有特殊性，是不可替代的。我们反对以彰显"特色"为目的的、标新立异的所谓"园本课程"，也反对以出书为目的的"园本课程"建设，但一个幼儿园坚持以《指南》为指导，深入研究儿童，努力挖掘资源，全力为儿童的学习和发展创设适宜的课程是值得倡导的。真正园本的课程就是落实《指南》精神的课程，就是适宜有效的课程，能最大限度促进儿童全面发展的课程。

党的十九大提出我国已经进入高质量发展阶段，要建设高质量的教育体系。学前教育在高质量教育体系建设中不能缺席，不能掉队。要提升学前教育质量，有很多工作要做。其中一项非常重要的工作就是要超越课程设计，走向课程建设。课程建设是一项系统工程，需要整体规划，精心设计，协同推进，全员参与。课程设计是课程建设的重要内容，课程设计是贯穿于课程建设的全过程的，课程需要不断实施、不断生发、不断完善。除了课程设计，课程建设还包括课程实施、评价的途径、方法，策略体系的积累和系统化，包括课程资源挖掘、管理和利用的规划和实践，需要开展有针对性的课程审议和教学研究，需要进行课程环境的创设和优化，需要建立和实施不同层次的课程管理制度，以及需要培育良好的课程文化。因此，幼儿园课程建设是幼儿园教育和管理的一项核心工作，它直接影响教育质量，直接影响儿童的学习与发展。

杭州市西湖区学前教育指导中心沈颖洁老师寄来的"幼儿园园本课程孵化丛书"应该就是区域层面上推进幼儿园课程建设的系列化成果，是对幼儿园课程建设过程进行的总结和反思，是老师们集体智慧的凝聚和提升。从丛书的基本架构看，基本确立了课程建设的系统视野，并把宗旨聚焦在总结课程建设的基本经验，反映课程建设过程中老师们的学习和思考，推动幼儿园课程建设不断走向科学和高效。西湖区课程孵化园的成果体现了儿童为本的教育理念，注重大自然和大社会中的教育资源，真正让儿童动用多种感官感受周围的环境，获得多样化的经验，努力把儿童的学习潜能激发出来，让学习更加生动、更加有趣，让幼儿获得更多鲜活和关联的经验。

期待杭州市西湖区不断落实《指南》精神，深入推进课程建设和课程改革，不断涌现更多幼儿园课程建设的先进经验。不断实践，日积月累，理论和实践相结合，推进幼儿园教育质量的新跨越。

虞永平于南京

2021年11月7日

在发现中滋养和成长

翻阅书稿时，我的内心不断地被感动和惊喜所充盈。感动的是西湖幼教人在近十年时间里孜孜不倦的专业追求和自我成长；惊喜的是课程意识已经如此深植于西湖幼教人心中，字里行间，每一处都能品味到他们的用心、真情和专业精神。

在课程改革实践中，西湖区从"发现儿童"，到"发现课程"，他们用专业的眼光去审视教育，智慧地看到儿童、课程与教师三者的关系，并努力让三者彼此联通、互相滋养、共同成长。

虞永平教授说过，园本课程是指在幼儿园现实的根基上生长起来的与幼儿园的资源、师资等条件相一致的课程。李季湄教授认为，我国幼儿园课程的权利主体和开发主体都是幼儿园，园本课程是幼儿园按照国家与地方课程的基本精神进行的课程选择、重组与整合而形成的适合幼儿园特点的个性化的课程体系。从某种角度来说，园本课程的存在是幼儿园课程固有的特点。

《浙江省教育厅关于全面推进幼儿园课程改革的指导意见》中明确提出应分类建设园本化课程。园本化课程建设分两类：第一类是对经省级及以上教材审查委员会审定通过的教师指导用书和课程资源，根据本园幼儿、教师的实际及资源状况进行园本化改编；第二类是有条件、有积累的幼儿园，可以在明确的课程理念的指引下，借助相关的资源形成真正适宜有效的园本课程。幼儿园课程园本化的这两类实践过程，其实质都是使每一所幼儿园形成相对科学、合理、优质、高效、适合本园情况的课程体系，让课程贴合本园的办园理念和目标，符合本园的条件和资源，适合本园教师的实践能力和水平，最终让课程适宜本园儿童的发展。

西湖区作为《幼儿园教育指导纲要（试行）》国家级实验区，幼儿园的课程改革一直走在全省前列。此次，西湖幼教人以一种温暖、生动的方式编著了这套讲述园本课程建设的母子系列丛书，分为母本1册(《发现课程——基于园本课程建设的孵化行动》)，子本系列5册(《美有一百种表达——幼儿园美诉课程》《让儿童更幸福——幼儿园幸福种子课程》《没有屋顶也是教室——幼儿园野趣课程》《小鬼来当家——幼儿园小树林课程》《不完美小孩——幼儿园儿童自我成长课程》)。这是继2018年《发现儿童：旨在儿童观重塑的区域研修新样态》出版后，西湖幼教人在"发现儿童"道路上留下的又一个鲜明的"印迹"。"发现儿童继而发现课程"既是西湖幼教人的主张，也是他们在园本课程建设实践中根植于心的教育观呈现。

本书对于各地开展幼儿园课程建设的借鉴作用是显而易见的，同时，其背后教研支撑区域课改推进的思路和方法也值得我们学习。全域提升幼儿园教育质量，课程建设和课程改革不能仅仅局限于几个样板园，而必须是"一个都不能少"。对于西湖区这样一个有着百余所幼儿园（园区）容量的大区，这显然不是一件容易的事。所以，当时我很好奇沈颖洁老师邀请我看书稿的时候，为什么要用"妈妈书""宝宝书"这两个词，原来除了情感因素外，还隐含了"分批孵化"这样一种区域推进策略。在这个策略之下，沈颖洁老师带领下的教研团队带动全体西湖幼教人，进行着默默的耕耘和不倦的追求。因此在本套丛书中，我们可以看到，呈现精彩内容的幼儿园，有城区的，也有农村的，有省一级园，也有省二级园……这些幼儿园通过课程园本化的实践，让课程实现回归儿童，回归生活，回归自然，回归文化传统，最终让园所的课程适宜自己面对的儿童的发展，让每一所幼儿园的课程走在适宜性提升的道路上。在这个过程中，每个人都是课程的建设者，也都是课程的受益者。西湖幼教团队就这样在课程建设的行进中不断成长。

课程建设是一个不断协同理念、明晰目标和探求方法的过程，西湖幼教团队在园本课程建设领域已经取得了不错的成绩，让我们继续期待他们用智慧去发现，在发现中成长，为每个儿童提供更高质量的教育陪伴。

浙江省教育厅教研室幼教教研员　虞莉莉
2021年8月

前 言

《美有一百种表达——幼儿园美诉课程》是闻裕顺幼儿园教师团队的实践研究成果，从理论和实践层面与阅读者交流美诉课程构建过程中的思考，包括课程设计与具体操作的结合。与阅读者思维碰撞，既展示课程建设中教师的思考线索，也提出并解答团队一路走来在实践中遇到的困难和问题，同时努力引发阅读者思考在现实教育中怎样实施适宜的课程，真正发现儿童、读懂儿童，有效支持儿童发展。

本书从园长、教科研负责人、班主任和儿童等不同视角出发，阐述课程目标下以儿童发展为中心的课程设计、实施和团队建设的具体策略，融管理、教学、科研等为一体。阅读者既能清晰看到园本课程从设计、实施到不断完善的过程，也能看到在课程实践过程中教师的思考与行动，更能感受到儿童的变化与发展，对于一线教师具有很强的启发和指导意义。

本书内容具体分为四章。第一章"美，伴我们成长"是一个总章，从课程领导者的角度思考美诉课程建设的目标、内容和价值取向。从介绍闻裕顺幼儿园六十多年的发展历程入手，剖析几代闻幼人对"美"的理解围绕儿童观的改变而不断发展的过程，感受美诉课程的发展不是一蹴而就的，而是一个观念自我革新和文化积淀传承的过程。在这一板块中，我们不仅能看到美诉课程的目标和完善的课程内容架构，还能看到其形成的过程和路径，展示团队对儿童发展目标的思考以及教育行为的改进轨迹。此外，我们还能看到美诉课程为教师提供的行之有效的"支撑点"及其使用方法，相信也能给园本课程建设者带来启发和思考。

第二章"美，让我们更懂得"从教研引领者的视角，阐述美诉课程实施过程中怎样观察教师的变化和成长，引领教师提升课程实践能力。本章凸显教师基于儿童立场开展课程审议、教材研读、环境创设等活动的具体操作实施，关注课程对儿童发展的推动价值。具体阐述教师在审议支架搭建、批注式指导、美诉环境运用中一步步走近儿童，发现、理解、支持儿童的行为。这是一个在课程实施过程中慢慢懂得教师、懂得环境，最终懂得儿童、促进协同发展的过程。通过这一章，阅读者将体验教师团队在教研组引领下的实践、反思和不断提升。

第三章"美，是童年闪亮的星"从班主任的视角，紧随美诉课程的步伐，用心记录下一个个儿童学习与成长的镜头。我们和阅读者一起重温美诉课程实施中发生在孩子身上的故事，同时也能看到班主任真实的教育观、儿童观、课程观在美诉课程实践中的落地，体会开展植根于儿童心中的美的教育时，儿童的成长无时无刻不在发生着，学会珍视每一个儿童的成长瞬间。

在"美诉"故事收集整理的时候，为了方便表述，我们将故事分成"外部变化"和"内部生长"两个维度，呈现孩子们"脚下带风、脸上带笑，心中有爱、眼里有光"的真实样态。我们努力观察、感受和分析儿童的每一个细微变化，捕捉他们那些"闪亮"的地方。但由于我们的研究水平有限，对故事的解读未必能精准和到位，期待阅读者在读故事的时候与我们分享心得体会，帮助我们不断进步。

第四章"美，有一百种表达"以儿童的视角，展示他们对世界的认知、发现和创造。我们收集了课程实施过程中孩子们的独特作品，从哲学和艺术两个维度进行分类整理。其中哲学板块涵盖了儿童对自我和世界的认知表达，艺术板块从儿童的"我看到……""我觉得……""我想要……"三方面铺开，从具体到抽象、从体验到感受、从表达到创造，呈现他们对美的"一百种表达"。在整理过程中，教师是忠实的搬运工和倾听者，他们白描记录下儿童的思想，为阅读者展示最真实、最鲜活的儿童。

我们努力给阅读此书的您带去真实、生动的即视感，希望就像是面对面坐在一起那样，将我们的所思、所想和所得一一呈现。感恩遇见，感谢阅读，期待在字里行间与您共鸣。

黄蓉蓉
2021年2月

目 录

第一章　美，伴我们成长　/ 1

美，我们心中的那道光　/ 2

美诉课程，期待给孩子带来什么　/ 8

美诉课程内容是怎么设置的　/ 13

美诉课程怎样具体操作　/ 17

我们怎么做评价　/ 26

第二章　美，让我们更懂得　/ 41

美，让我们更懂得孩子　/ 42

美，让我们更懂得老师　/ 51

美，让我们更懂得环境　/ 63

美，让我们更懂得作品　/ 70

第三章　美，是童年闪亮的星　/ 75

脚下带风、脸上带笑　/ 77

心中有爱、眼里有光　/ 110

第四章　美，有一百种表达　/ 147

儿童，是天生的哲学家　/ 148

儿童，是天生的艺术家　/ 157

后记　/ 184

第一章 美，伴我们成长

美，是什么？

这是一个每天陪着我们，却很少有人能够说清的问题。它的内涵是那么的丰富，不同的时代和不同的人看它的视角又是那么的不同。我们很清楚：生活需要美，孩子的成长离不开美。美，就像一道光，始终吸引着我们每一个人，努力去触摸、体验和拥有！

美，我们心中的那道光

1952年，在美丽的西湖西侧，岳坟湖口12号，西湖小学附设幼儿园（以下简称"附幼"）诞生了。1959年，西湖区机关托儿所并入附幼后，附幼的主要服务对象调整为区机关和事业单位职工子女。之后，附幼搬迁至曲院风荷东侧西湖西北岸的钱公祠内，隶属于西湖区文教局管理。1988年，附幼由西湖区区政府和香港永联行贸

老师和孩子们在跳舞

易有限公司董事长闻儒根老先生共同出资，异地新建并更名为"杭州闻裕顺幼儿园"。

在六十多年的变化更迭中，我们经历了全托、混合和日托等多种办学形式，教养方式从以养为主，逐步过渡到教养并重。曾经在附幼老园工作过的18位退休老教师，说起在西湖边的工作时光是充满自豪和幸福的。她们说得最多的是老师怎么对待孩子以及孩子们在西湖边怎样自由玩耍，给后辈们勾勒了一幅幅老幼儿园老师的教育图景：耐心和细致地安排好孩子们吃饭、睡觉、洗澡等生活活动；带着孩子们到杭州饭店门前的草地上奔跑、饭后到曲院风荷悠闲散步；年轻老师认真地备好详案，老园长一字一句细致地审阅指导……20世纪70年代后随着入园人数的不断增加，教学和管理也进一步受到重视，保健医生、财务人员等进行了标准配备，规范使用部编和省编课程资源开展教学活动，充分关注游戏活动的开展，把游戏列入了教学内容（相当于游戏化教学的方式）。到80年代，逐渐把"审美教育"（当时老师们称之为文艺工作）融进幼儿园的教育活动，并在各类公开教学、调演比赛等活动中增加了教学时间的比重，把培养孩子的艺术兴趣作为教育目标之一。我们的老师不仅负责对区域层面其他幼儿园教师进行舞蹈基本功培训，还带领孩子们在省市区各级调演比赛中频频获奖。比如，1977年《花环操》获杭州市首届体育运动会体操比赛一等奖，1982年舞蹈《美丽的小天鹅》上了电视，还有《花伞舞》、童话剧《森林幼儿园》获区一等奖等。在老师们心中，艺术的美感熏陶是可以让孩子们终身受益的，孩子们能够在展示自己艺术才能的过程中，收获健康，获得自信，形成自身的特有气质。

除了艺术教育特色当时享有社会美誉外，优美的自然环境也是让我们引以为豪的。幼儿园推门就可以看到西湖，西边是曲院风荷，东边是苏堤，杭州饭店边上有

花环操

大片大片的草地可供玩耍。所以，尽管园内户外活动空间有限，但一点都不影响孩子们与大自然的亲密接触。用当下的幼儿园管理理念来说，就是老师把对周边自然环境资源的挖掘和运用做到了极致。她们常带着孩子们自由奔跑在大草坪上，或背上手风琴，带着大家在草地上围成圆圈唱歌、跳舞。走近曲院风荷那些弯弯曲曲的小桥，去散步、去赏荷、去看别人钓鱼虾都是孩子们习以为常的事。丰富的游客资源也给了孩子们许多社会实践的机会。老师常会用自己制作的道具，带着孩子们去西湖边为游客表演木偶剧，展现"西湖小主人"的姿态。现今已八九十岁的退休老教师们说起那时候的日子，依然满脸慈爱："小孩子吗，天性喜欢跑、喜欢玩，不能老待在屋子里。我们幼儿园小，玩不开，可是外面的空间大啊，环境还那么美，所以我们每天都要带他们出去玩。"时光就这么一点一滴在美好中流淌，老师用心呵护着孩子的天性，让他们在大自然的拥抱中自由成长。当年曾经在附幼老园上全托班的一个孩子，现在回想起自己童年最快乐的经历，除了搭积木外，还有和蔼温柔的老师允许她到哥哥班里（哥哥在大班）去玩，极大地缓解了一个托班孩子的分离焦虑情绪。她说："当时的感受就是老师们说话都轻轻的，脸上总是笑眯眯的，每个人都很美。"

每每回顾以往，头脑中出现的老师和孩子的身影都是忙碌却从容有序的。老师把所有目光都投向了孩子，而孩子在充满关爱和自由的空间里，忙着享受自己的童年时光。他们身上，仿佛有一道光吸引着我们，似乎是让我们置身于自然的安静与美好，又像是奔腾不息的灵动和希望。也或许，它就是一颗种子，一颗深埋在闻幼每个人心中的美的种子。

1. 虽模糊，却坚定

德国古典美学家席勒的代表作，也是现代审美批判的第一部纲领性文献——《美育书简》(*On the Aesthetic Education of Man*)的中心思想是：人必须通过审美状态才能由单纯的感性状态达到理性和道德的状态。审美是人达到精神解放和完美人性的先决条件。席勒说："这个题目不仅关系到这个时代的审美趣味，而且更关系到这个时代的实际需要……因为正是通过美，人们才可以到达自由。"[1]在书中他明确

---

[1] 席勒.美育书简[M].徐恒醇，译.北京：中国文联出版公司，1984：39.

表达了美育思想的核心是追求人类本性的完善，倡导理性的自由。他也提出人类通过美的教育，可以帮助自己达到真正的心灵自由。那么，在学前教育阶段开展美的教育，其适宜的内容有哪些？教育价值体现在儿童发展上又是什么？老师们可以通过怎样的方式、方法实施美的教育呢？虽然美的教育的种子已经坚定地在我们心中生根，但多年来有关这些问题的思考我们还一直在摸索，寻找着答案，在模糊中努力去看清。

20世纪80年代，我们对"美的教育"的认知着眼于具象感官体验，简单却淳朴地理解为"美，是好看"。所谓好看，是主体在视觉感知的作用下产生愉悦的情绪体验，从而对客体进行正向判断的结论性反馈。就像孩子看到老师笑眯眯的，原本紧张的心情变得放松，就会觉得老师很好看。老师看到孩子们跳的《四小天鹅舞》，认为其动作、表情充满童趣，也觉得很好看。所以，我们把那些让人看了喜欢的、高兴的人、事、物都形容为"好看"，也努力去发现和创造更多这样的"好看"。这样的"好看"存在于两个方面：一种是"原本就是那个样子"，优美的风景、端正的长相、漂亮的建筑、华丽的服饰……所有这些都好像是自然而然地存在于我们的周围，不管每一个普通人看到还是没看到，它们都一直在那儿。另一种是"我想要看到的那个样子"，就是心中先有了一个"好看的样子"，但是还需要通过我们去做些什么、改变些什么，才能获得所期待的"好看"。对前者，我们常常会"习惯成自然"，除了语言交流以外，基本不会有意去关注和思考；而对后者，我们是坚定追求并愿意不断为之付出努力的。就像当年我们经常参加省（市、区）各级各类文体竞赛，全园上下把每一次参赛都作为集体的大事，有负责策划出点子的，有具体做排练指导的，还有专门做道具的……连头带尾要花费一两个月时间，有时候还要搭上自己的休息日，但是大家都乐在其中，因为我们期待能看到孩子们排练中努力的样子，参赛时专注的样子，获奖后兴奋的样子，还有未参加的孩子跃跃欲试的样子，每一个师生自信的样子……这些都是好看的样子！此时，一场比赛已经不只是比赛了，由它带来的荣誉只是其中一小部分，更多的是在这个过程中，我们享受着那种美，而那种美，一直吸引着我们虽模糊，却坚定地走下去！

2.为什么孩子画的树都一样

1988年，幼儿园异地新建后增加了班级数量，拓展了招生范围，家长职业也不再局限于机关单位和教师群体,这给我们带来了更为宽阔的视野。很长一段时间,我们与楼外楼、香格里拉、图书馆、音乐厅、植物园等单位联系紧密,家长中的厨师、画家、歌舞演员、园林工人等经常受邀来园给孩子们上课,受到大家的好评和喜爱。逐渐地,我们对美的认知发生了一些变化,我们好像能看得更清晰,想得更具体了。我们认为,"美,是特色"。试想一下,如果每个人都很有自己的特色,那么世界该是多么丰富多彩、多么美好!

由此出发,我们从美术和音乐两项生活中最常见也最受欢迎的特色项目入手,分别组建了美术班和音乐班,委派了具有美术和音乐兴趣特长的老师承担班主任工作,并外聘相关专业老师进行辅导。两个特色班从小班就开始实施特色教育,一日活动内容基本与普通班相同,额外增加了美术和音乐学科的集体教学时间,同时在班级环境创设和区角(相当于现在的区域)设置上与其他班有明显不同,也在对外展示机会上给予这两个班级更大的支持。特色班完整地开办了两届,老师们从儿童年龄发展和学习特点出发,系统地整理了领域教学内容,通过集体教学、区角活动、课外活动等多种形式开展教学,教师教和孩子自主学相结合。孩子们对美术和音乐各种类型的内容进行了较为系统的学习,收到明显的效果。以美术班为例,孩子们有机会学习到铜版、水墨等各种绘画形式,体验外出写生、开画展等活动。他们的作品是非常让人惊叹的,在取景、构图、用色、情感、想象等各方面表现手法上都显得那么生动和饱满。每当孩子们把自己的作品拿回家去,第二天来和我们分享别人的评价时,那兴奋和自豪的样子真美,他们的作品也真美,我们被深深感染。所

《别哭》 作者:唐依恬

以，当时社区里一些家长常说的一句话就是："画得这么好，你一定是闻裕顺幼儿园毕业的吧？"每每听到这样的话，每个闻幼人心中的那道光便似乎更亮了！

有一次，与一位小学的美术特级教师聊到美育。他问："为什么低段孩子画的树都是一样的？"他边说边描述了孩子们所画树的形状：中间是一根粗粗的、线条光滑的主干，主干上有一两个枝丫，树冠是花瓣样发散状的。这句提问引起了我们的关注和反思，很多孩子画出同样的树是正常的吗？他们画出同样的树形是年龄审美特点的原因，还是生活经验引发，抑或是我们的教学方法所致？如果是因为教学方法，那么我们可以用什么方法让孩子们画出不同的树形呢？而画出不同的树形，促进他们发展的价值又在什么地方？就这样，从"树形"案例引发了大家对审美教育价值的进一步思考。

黑格尔说："美是理念的感性显现。"[1]反思孩子们对树形"真正的真实"的表现，我们不难理解，树是存在于生活中的最常见的物种，其形态自然是多样的，孩子们在生活中完全能看到这些"真正的真实"，但在进行创作的时候却表现出模式化的理性，说明其感知体验和表达表现尚不能完全匹配，也就是理性和感性尚未统一融合。是孩子们的感知体验不够真实，还是孩子们已经习惯于表现方法的程式化，而忽略了自己的真实感受，这是值得我们思考和探索的新问题。

3.只有艺术能表现美吗

关于怎样让孩子们的感受和表现能够体现"真正的真实"，达到感性和理性的统一，最终呈现美的样态，让我们对审美教育的思考又进了一步。2012年10月，教育部正式颁布了《3~6岁儿童学习与发展指南》，其中明确指出要"引导幼儿学会用心灵去感受和发现美，用自己的方式去表现和创造美"，而成人"应对幼儿独特的艺术表现给予充分的理解和尊重"。在这一教育方向的指导下，我们捕捉到两个信息：一是亲身感知的重要性。孩子具象思维的年龄特点和在操作中学习的特点，决定了"真正的真实"首先应该是他们能够真切感知到的，是可以触摸的。二是用自己的方式去表现这种"真正的真实"。每个人的感知不一样，生活环境和学习内容不一样，他们对同一事物的感知肯定是不同的，所以，我们要为孩子们搭建真实

---

[1] 黑格尔.美学（第一卷）[M].朱光潜，译.北京：商务印书馆，1979：78.

表达的平台，让每个人都有机会对自己心中的那份感性和理性进行真实统一的表达，呈现出那个独一无二的"我"，这就是"真正的真实"，真实的美。我们认为，"美，是表达"。

从"美，是好看"，到"美，是特色"，再到"美，是表达"的认知变化，不仅是闻幼团队对"美"的认知发展过程，更是我们从尊重儿童发展这一基本条件出发，在儿童观、教育观和课程观等方面不断自我革新和成长的过程。在这个过程中，我们更了解孩子的真实需求，更懂得尊重个体差异的重要性，也更明确了那道光给我们指引的方向：支持孩子在与世界互动的真实体验中，用自己独有的方式表达对世界的理解，展示一个独特的、真实的自己，创造一个未来的更美的世界，这就是美诉课程努力的目标和方向。

对美的认知变化，不仅让我们逐渐明确了目标和方向，也帮助我们在实践探索中拓展了美的表现形式。我们不再单一地把目光聚焦在艺术这一显性表达方式上，而是遵循"用自己独有的方式表达对世界的理解"这一方向，把握每个孩子都是独一无二的个体这一本质特征，鼓励他们在真实的感知体验下，用自己的方式进行美的表达。我们坚信：孩子的眼中处处有美，而美，有一百种表达。于是，怎样给孩子真实的体验感知、如何支持他们进行多元独特的表达成为美诉课程核心的问题。

☾ 美诉课程，期待给孩子带来什么

李泽厚先生在他的《美的历程》一书中认为：美，是"有意味的形式"。也就是说，美应该是外形与内涵的结合，与黑格尔关于"美是理念的感性显现"的论断相近。美的事物都有其内涵，李泽厚先生所指的内涵是指一种思想观念或想象（也就是期待的样子），而内涵又是通过"外形"这种可视的外在表现让其他人能够看见。那么，美诉课程实践中，我们的思想观念或者说期待中孩子的样子应该是怎样的呢？我们又可以通过什么外在形式让大家能够看见孩子们正在体验、创造和积淀的那种美呢？

我们对"美"的认知与理解过程，也是教育观、价值观和课程观不断自我革新的过程，从"美，是好看"，到"美，是特色"，再到"美，是表达"，也印证着在学前教育浪潮的推进中，我们对儿童整体发展的关注与思考。美诉课程支持儿童和教师在对美的一切事物探索和体验的过程中，不断完善自己，共同创造更美好的未来。我们想带给孩子的主要有：

对世界充满好奇。好奇是一切创造的源泉，好奇心是创造型人才的重要特征。爱因斯坦认为他的发现都源于他"狂热的好奇心"。在好奇心驱使下的儿童学习一般会呈现注意力更持久、探究行为更稳定以及情绪情感更愉悦等外在表现，而观察、提问、操作、选择性坚持、积极情绪等有助于学习活动的深入进行。以罗杰斯为代表的人本主义心理学家十分重视"好奇"这一情感因素在学习中的运用。孩子生来具有好奇心，在后天学习的过程中好奇心需要得到呵护。学前教育对此承担着重要责任。美诉课程通过环境、材料、教育行为等支持与鼓励，呵护孩子的好奇心，保护好创造行为的源泉，让创造性特质融于他们的生命。

对自己充满信心。美诉课程最终将通过主体的自我表达去达成自我实现，而自信心是人能够实现自我的良好保障。自信的人具有客观评价自我、充分预估困难和切实有效执行等行为特征，因此他们总能不断超越自我，获得成功。自信心的养成不是一蹴而就的，它形成于我们的每一次活动中，他人的评价、环境的营造、成功的体验、遇到困难后别人的鼓励和支持、自己的坚持与努力……在一次次的体验中，逐渐稳定为孩子们的人格特质。

对未来充满期待。每一天都是全新的，能否将自己的日子过成诗一般美好不仅取决于个体能力，也为内心期许所左右。对未来充满期待除了体现在向着美好大步迈进的过程中，更体现在遭遇困境时不放弃心中美好的那种坚持。对未来充满期待的人不会轻易被眼前的困难打倒，能够体现出不一般的忍耐力和坚持性，给周围的人带来积极和美好的感受。

好奇心、自信心和坚持力，它们是美诉课程想带给孩子们的，是美诉课程的精神内核。紧紧围绕这个内核，基于孩子的年龄特点和学习特点，我们将其具化为"两带两有"的操作目标，即脚下带风、脸上带笑，心中有爱、眼里有光。"两带两有"是把儿童的外在表现与内在生长两个维度的发展状态综合起来进行描述，是课程所期待的不具发展先后的顺序性、需要同时被关注且会同步发展的"儿童样子"。

有了这样具体的表述，就更方便教育者实践操作了。我们如果经常问问自己"我这样做符合'两带两有'了吗"，那么在课程实践的过程中就一定不会偏离方向。

1. 脚下带风、脸上带笑

"脚下带风、脸上带笑"的意思正如字面所述，"儿童样子"大多就应该如此笑对一切、充满活力，这也正是中国古代哲学思想固本培元的精神所在。儿童本就是天真可爱、活泼烂漫的，追寻着这样的"根本"的教育，能给儿童带来真正属于他们自己的"元气"。这句话也很好地体现了教育者对儿童年龄特征的发现与尊重，映衬出我们对教育初心的努力和坚持。

这样的"儿童样子"从外部变化来看有两个主要特质：其一是"我是一个蹦蹦跳跳的小孩"。孩子们也许都不愿意好好走路，不是一路踢着石子，就是踩进水坑，要么就一直蹲在路边看蚂蚁而忘记回家。他们热爱自然，具有极强的运动欲望和运动能力。他们对一切都兴致勃勃，玩起来不知疲倦，但也会吃着饭就睡着了。他们就是这么简单、纯粹却热烈地生活着。其二就是"我是一个开心果小孩"。孩子们看什么都是美好的，不管遇见怎样的困难和痛苦都能很快"破涕为笑"。他们也不会"无法无天"，只要周围人投以足够公平和尊重的目光，他们就能冷静地看待自己存在的问题，努力去控制自己的欲望和情绪，遵守约定和规则，与自己的同伴和平共处。

从内部生长来看，这样的"儿童样子"表达的是他们的宣言——"我喜欢"和"我可以"。他们对周围充满好奇，兴奋于自己发现的一切变化，什么都喜欢，什么都想去尝试一下。他们正在逐渐摆脱自我中心，向着世界宣告："我可以做得好！"所以，当遇到困难时，他们很愿意用自己天马行空的想象去试着解决，慢慢地找到许多解决困难的方法。此时他们会欢呼、会雀跃、会无比自豪，那种从内心发出的笑让人觉得无比美好。

回想一下，我们是不是常可以听到孩子们说：

"冲呀……"

"我不怕，我跳得过去！"

"我还想再去一次！"

"今天的饭真好吃！"

"祝你生日快乐！"

"我得奖牌啦，哈哈！"

"这是我朋友送我的！"

……

彼时，请认真欣赏和好好爱护那些"儿童样子"。

2. 心中有爱、眼里有光

爱是人类最美丽的"语言"。付出爱和享受爱的人，他们的眼神一定是温暖和充满光亮的，从而内心是充满希望的。"心中有爱、眼里有光"是美诉课程目标的最终落脚点，指向儿童看待自己和世界的价值观，那就是以"真"为基础的"同理心"。用看待自己的方式去对待别人，这正是对儿童年龄发展特点的遵循、尊重和引导，也是美诉课程对"爱"这个重要却宽泛概念最有抓握感的诠释。

著名书画家、文学家丰子恺先生非常崇拜儿童，认为儿童之美美在"真"。他笔下的儿童世界是那么美好，因为儿童的诚实、率真、去虚饰而呈现"美"的特质[1]。但是儿童的"真"也并不都是我们要追求的社会美德，比如自我中心、任性、爱搞恶作剧等。由此，连朱自清也曾感叹："我们家呀！真是成天的千军万马……孩子们的折磨，实在无可奈何；有时竟觉着还是自杀的好。这虽是气愤的话，但这样的心情，确也有过的。"[2]所以，我们不可能完全以儿童式的"真"来构建社会秩序，但是可以运用儿童"真"的特质中的同理心特点，来着重引导和构建他们看待自己和世界的价值观。

同理心是进入并了解他人的内心世界，将这种了解传达给其他人的一种技术与能力，也叫换位思考、神入、共情。儒家思想的忠恕之道，很大一部分即指同理心的运用。忠：尽心为人；恕：推己及人。忠恕之道也就是能把自己代入别人的情境中去思考问题，即运用同理心，尽心尽力去体谅和帮助别人。从某种角度看，如果每个人都能以同理心对待别人，尽自己的努力帮助别人，那么世界必将会充满爱。

"同理心"于儿童而言是一种自然而然的存在，丰子恺先生的漫画中就有许多

---

[1] 杨晓河.丰子恺审美思想研究[M].成都：四川大学出版社，2014：508.

[2] 朱自清.朱自清散文集[M].成都：四川文艺出版社，1998：74-80.

诸如"儿童给桌子脚穿上鞋子"之类的画面，所以从对同理心的保护、引导出发，可以无痕地把爱的教育融入日常小事中，让孩子感受和习得。美诉课程中同理心的教育主要从儿童视角的"我们一起玩"和"我等你"两个方面进行。众所周知，"玩"是孩子们最重要的事，能被允许一起玩便是他们对伙伴表达的高度接纳。选择怎样的玩伴、自己应该做怎样的玩伴、怎样执行规则、遇到问题应该怎样处理等，都是他们在"一起玩"的过程中所经历和学习的。而"等待"对孩子们来说是一件十分困难的事情，等待的过程是一个情感、认知不断产生矛盾和冲突的过程，也是自我约束、自我期待和自我发现的过程。他们在等待中观察和尝试，用不一样的视角去审视世界，在爱与被爱中成长。

当沉浸在爱与被爱的氛围中，孩子们的目光始终是闪亮的。他们对一切充满好奇，哪怕是春天里一个小小芽苞的变化也觉得是那么神奇。他们的小脑袋里充满着各种各样的奇思妙想，我们便与他们一起，努力去尝试这些奇思妙想，分享他们的成功与失败。他们还常常幻想自己一夜之间长大了，什么知识都懂，什么困难都难不倒自己。他们就是在"这个东西好神奇"的惊讶中，在"明天我就会长得很大很大"的期盼中，审视内心，探索世界，跌跌撞撞却快乐无比地向前奔跑着。

回想一下，我们是不是常可以听到孩子们说：
"……谢谢你！"
"这颗宝石送给你！"
"别哭，给你纸巾。"
"天冷了，我们给小兔造个温暖的窝吧！"
"哇，好漂亮！"
"慢慢来！"
"我还有一个好办法！"
"今天我值日哦。"
"为什么呢？为什么呢？"
……

彼时，也请认真欣赏和好好爱护那些"儿童样子"。

"脚下带风、脸上带笑、心中有爱、眼里有光"，不仅是美诉课程期待的"儿童样子"，也是我们期待的"老师样子"。丰子恺先生曾说自己是一个"四十九岁的儿童",我们的老师何尝不是一个个大孩子?为了更好地说明课程中老师对"儿童样子"的把握和教育方法,我们在第三章分类选取了有典型代表意义的课程故事,与大家分享和共勉。

美诉课程内容是怎么设置的

要回答课程内容设置的问题,我们首先回到对教育本源的思考:教育是为了个体更好地达成自我实现,从而让每个人获得更好的生活。落脚于生活的教育,其学习内容从生活中挖掘,是再适宜不过的了。同时,儿童的年龄特点和学习特点也决定了最贴近他们生活的教育,能给他们提供最为具体的真实体验。

1. 生活就是学习,学习也是生活

马克思从社会基本实践——生产劳动的角度考察了社会的人与自然、主体与对象的相互关系,说明了人的劳动对客观世界的改造和人自身发展的作用。正是生产劳动才完成了自然与人的现实的统一。马克思指出:"全部所谓世界史不外是通过人的劳动诞生的,是自然界对人说来的生成。"[1]人在劳动中改造了世界,也获得了自身的不断发展。马克思正是从这个意义上说"劳动创造了美",这是在人类认识史上第一次科学地揭示出美的根源[2]。美诉课程遵循这一根源,秉承"生活就是学习,学习也是生活"的宗旨,通过发现生活中基于孩子真实需求的各种"劳动"内容,适宜地提供环境、材料、技术、方法等多方面支持,引导他们在完成一件件劳动任务的过程中,获得自身对事物特征和本质的感知和理解,构建属于自己的认知体系,并能在自己的生活中加以运用。所以,生活化是美诉课程的内容本质,任务劳动是落实美诉课程的具体抓手。换个角度说:孩子们在生活中一切的好奇心和需求,都可以成为课程实践的内容。

---

[1] 马克思.1844年经济学哲学手稿[M].北京:人民出版社,2018:84.
[2] 席勒.美育书简[M].徐恒醇,译.北京:中国文联出版公司,1984:30.

2. 一切的变化都是课程内容

孩子生来好奇，所以好奇心无须培养，但要呵护。他们惊叹于周围世界的每个细微变化，迷茫于这些变化之间是否存在关系，也会发现自己处在这些变化中，好像有着很多个不同的自己。所以，一切的变化都可以成为美诉课程的学习内容。通过对这些变化的关注、比较和探究，发现变化下万事万物不同形态的美。通过美把感性的人引向形式和思维，通过美使精神的人回到素材和感性世界[1]，达成感性和理性的真实统一。

我们的生活与四季变化胶着同行，所以以四季变化为纵贯线的课程设置方法很好地链接自然、社会和人的变化与发展。美诉课程以四季自然流转过程为基本内容，由"充满希望的春""满藏向往的夏""收获满溢的秋"和"盘存蓄积的冬"四大主题组成。每学期设置两个大主题内容，每个大主题下设"自然"和"人"两个小主题，每个小主题又分别从外部变化和内部生长两个维度出发预设教学内容。大主题结束后链接寓"总结评价和纪念日"为一体的"我们的小日子"活动，让主题变得更丰满。

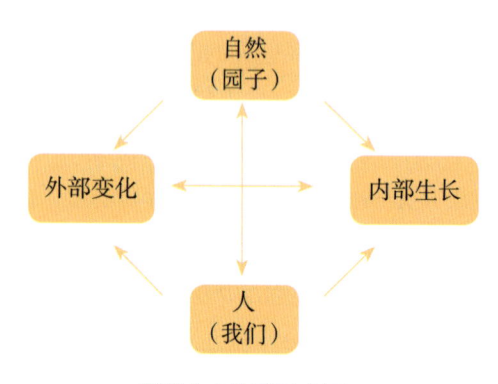

课程内容构建示意图

在四大主题统领下，以自然和人为经线，以外部变化和内部生长为纬线编制课程内容。基于本园班班有庭院以及周围有植物园、花圃、西湖、苏堤、竹林等自然

---

[1] 席勒.美育书简[M].徐恒醇,译.北京：中国文联出版公司,1984年：97.

资源的实际情况，选取特定的"园子"作为自然的代名词。而"我们"是人的代名词，指向课程的主体——幼儿。"园子"和"我们"在外部变化与内部生长同步进行的过程中，构建起立体而丰满的课程内容。

表1　2018年度美诉课程预设内容

大主题	小主题	设计思考	内涵指向	目标指向	年段	内容设置	课程来源	小日子
充满希望的春	不一样的园子	发现春天里各种不同的现象。基于现象的深入探究发现春天的特点，热爱自然	外部变化主题	发现春天合作探究个性表达	小班	春雨	审定	春天花花会
					中班	小芽儿	审定	
					大班	春天里的人儿	生成	
	不一样的我们	指向于儿童对自己的认识和能力发展。有身体认知，有能力发展认知，还有服务于成长的能力发展	内部生长主题	自我认知习惯养成服务自我	小班	能干的小手	审定	
					中班	小鬼显身手	审定	
					大班	我们的一天	生成	
满藏向往的夏	叽叽喳喳的园子	感受夏天的热闹、炫丽、繁忙，体验夏日的美好，建立美好情感	外部变化主题	感受夏天体验探究个性表达	小班	夏荷	生成	仲夏夜之梦
					中班	夏音	生成	
					大班	夏夜	生成	
	忙忙碌碌的我们	在夏日里为了自己的成长，或专注投入学习，或酣畅淋漓地游戏，不同年段的孩子都专注于自己想要做的事、想要完成的事	内部生长主题	酣畅游戏拓展交往培养品质	小班	朋友一家	审定	
					中班	夏日游戏	生成	
					大班	小学生	审定	

续表

大主题	小主题	设计思考	内涵指向	目标指向	年段	内容设置	课程来源	小日子
收获满溢的秋	五彩的园子	五彩是秋季的显性特征,聚焦外显特征进入秋季探究,发现秋季特点,感受秋天的美	外部变化主题	认知发现感受体验创造想象多元表达	小班	颜色大收集	生成	秋之成长节
					中班	石榴成熟啦	生成	
					大班	树朋友	审定	
	长大的我们	九月是成长的季节,每一个孩子都路上自己新的发展旅程。聚焦长大,发现自己的成长变化	内部生长主题	感受成长情绪稳定展示自己悦纳自我	小班	我上幼儿园啦	审定	
					中班	我做哥哥、姐姐了	审定	
					大班	我的游戏我做主	审定	
盘存蓄积的冬	沉睡的园子	冬天,外部环境的气温降低,园子回归安静,积蓄力量,等待新的勃发	外部变化主题	探究发现推理分析感受体验情感悦纳	小班	冬天来了	审定	冬之回忆录
					中班	怕冷的×××	生成	
					大班	淘气的白"烟"	生成	
	快乐的我们	冬季是一年的结束,每一个人都回头看看自己,感受自己的成长变化,这是不可言喻的快乐	内部生长主题	回顾总结自我发现沟通合作感受变化	小班	我	生成	
					中班	我和朋友	审定	
					大班	我有一个幼儿园	生成	

说明:课程来源中"审定"为经审定的课程的园本化;"生成"为生成性主题实施后的整理。

美诉课程怎样具体操作

1.找一个思考的支点

在课程实施管理过程中,最让管理者头疼的可能是怎样让团队的实践操作既符合课程规范又不千篇一律,能充分体现大家的独特思考。所以,常会陷入一个两难境地:规定动作太多容易死板、僵硬、程式化,反之则又可能过于松散而导致精神偏离。所以,美诉课程在实践过程中,关注的不仅是怎样做好一个主题、一个活动,更是从"教师思维方式"这个源头着手,给予教师提纲挈领式的规定动作作为思考的支点,做出方向性和目标性的引领,授之以"渔",引发教师开展有支撑的思考,起到事半功倍的效果。美诉课程为教师提供的思考支点主要是"三路径":

路径1:经验唤醒。很多时候新经验的学习是建立在已有经验的基础上的(除非学习者有意要从零开始)。比如揉面团,第一次揉面时你不难发现面团的软硬与水分的多少成正向关系,但是怎样能揉到最适宜做包子的软硬程度,你可能一下子还说不上来。等过几天第二次揉面时,你凭着前一次对软硬和水分的关系,以及当天包子的口感等前期经验,对当下这个面团是要加水还是加面粉已然心中更有数了。所以,所谓"熟能生巧"正说明了学习中不断运用已有经验助推提升新经验的过程。美诉课程根据人们的这一学习特点,提出了"经验唤醒"这一步,通过聊天、视频、图片等多种方法对储存于大脑中的前期经验进行唤醒,使它们积极参与到对新经验的学习中去,为新经验的获得提供更多可能。对于教师行为来说,经验唤醒的最大意义在于掌握孩子的现实状况,发现他们的真实需求,真正从孩子的角度出发提供适宜的学习机会。

路径2:通道建构。朱光潜先生在《谈美书简》第五封信——《关于"艺术是一种生产劳动"》中写道:这里重申了各种劳动器官的全面合奏,都要紧张起来,这就表现为"注意"或"聚精会神",能引起"注意"或"紧张"就说明劳动的内容和方式都有吸引力，使劳动者在劳动中感到发挥全身本质力量的"乐趣"。这种"乐趣"就是美感。[1]同理，孩子们的各种"劳动"应该也是身体各种器官全面协调的合作，在这样的合作过程中，各种器官得到充分运动，人显示出思想集中、肌肉紧张、凝神屏气等全身心投入的状态，这不得不说是一种美的状态。所以，孩子们劳动学习时，我们要给予他们完整自主的参与机会，使他们有序、按需地开放感知觉通道，让每一个器官都活跃起来，在充分的感知和体验中为新经验的自主获得收集更多有用的信息。

  通道建构是一个教师为孩子提供有准备的环境和材料的过程，也是教师运用特别有意义的元素——语言，帮助孩子不断提升认知的过程。心理学家佩维奥提出"双重编码理论"。他认为：信息的获取有非语言和语言两条加工通道。若在其他感知觉通道开放的同时，加入语言的形式，可以增强信息的回忆和识别。所以，可以用语言的形式对从每一条通道获取的信息进行必要的梳理。比如当小班孩子穿着雨衣、雨鞋走在春雨中，他们在现场会获得很多信息，但这些收集到的信息只是对春雨整体笼统和模糊的"印象"，如不及时整理很容易被淹没和替代。所以，此时引导孩子用语言对感知后的春雨进行客观描述或者综合表述，与大家分享"我看到……"和"我觉得……"非常有必要。通过语言形式的反复回忆、识别、分析、判断和取舍，会大大增强孩子对"春雨"特性感知的稳定性，也更容易让经验成为个体知识体系中的稳固部分。

  路径3：多元表达。如果说经验唤醒和通道建构对孩子来说是一种信息输入，那么多元表达无疑就是信息输出。孩子们通过前期的充分感知、体验，将信息内化为自己认知体系中的一部分，并将这些认知（情感）用自己的方式输出，在这样的"输出"中与周围发生着信息互换，也展示着自己的成长。当孩子们从外界获得了诸多信息，并运用自己的经验把这些信息变成新的经验，他们的眼神是闪闪发亮的，他们想向世界展示自己的"发现"，也是水到渠成的。老师们要做的就是尊重表达、鼓励多元。2017年5月，美诉课程第一个完整的主题——"我爱我的幼儿园"的经验唤醒和通道建构部分完成，孩子们积累了对自己幼儿园的建筑风格、布局特征等具体经验，收罗到了全世界最有趣的幼儿园的各种信息，也在活动中积累了对幼

---

[1] 朱光潜.谈美书简[M].北京：中华书局，2012：97，292.

儿园、对老师的深厚情感。他们的多元表达阶段是那么的令人惊叹，不仅形式多样，而且内容丰富。孩子们基本是自由编制成小组进行创作表达的。有的小组用班里废旧的木头箱子、轮胎等造了一个"悄悄话小屋"，希望幼儿园的好朋友能彼此记挂，有空的时候常去小屋里坐坐；有的小组收集了上千个矿泉水瓶子，做了一个半球体的游戏空间，希望给幼儿园的弟弟妹妹留下一个"大玩具"；有的小组和爸爸妈妈一起，为幼儿园种下了一棵棵樱桃树，让幼儿园变得更美、更"好吃"……在多元表达过程中，倾听显得特别重要。我们需要认真倾听每个孩子的表达，真正将孩子作为学习主体，倾听他们的学习需求、过程描述、困难倾诉，了解他们的认知、情感和交往等发展状态，并从真实需要出发，给他们提供适宜支持。除了老师对孩子的倾听外，还需要关注同伴倾听，一次认真的倾听无疑是一次很好的同伴学习机会。在倾听的同时，老师适时地通过追问、质疑、小结等还原当时场景、分析问题根源、进行归纳总结，使群体间接经验学习效果最大化。

2. 识别和推进生成性活动

在前面我们讲到了美诉课程实施内容主要是园本审议下的预设主题（见本章表1），预设主题参考经验唤醒、通道建构、多元表达"三路径"的方向进行具体实施，积累本班经验，并在团队中进行分享交流。除了预设课程的实施外，我们非常关注在主题行进过程中那些由儿童自主生发的、有价值的内容。因为我们坚信：教师不是木匠，并不是要将孩子完全按照我们的预设去雕琢和塑造；教师应该是园丁，对教育对象有美好的期待，这种期待建立在主体特质和需求的基础上，能让孩子成为独有的和更好的自己。生成性活动可遇不可求，高质量的生成性活动三个条件缺一不可，那就是：发生、发现和推进。接下来我们用大三班主题"我的游戏我做主"中发生的生成性内容"绳子游乐园"，来具体分析美诉课程中生成性活动的组织推进方法。

"我的游戏我做主"是2018年度第三个大主题"收获满溢的秋"中，代表内部生长的"长大的我们"里大班年段的具体主题内容，目标聚焦在"感受成长、展示自己"的感知体验上，通过对幼儿园内场地的认知去规划、创造不同的游戏玩法，并邀约同伴一起开展游戏。孩子们对这个主题非常感兴趣，他们认真地选择自己最爱的户外场地进行游戏创造，反复讨论、准备材料、试玩、修改规则……忙得不亦乐乎。当时正值运动会跳绳比赛的备战阶段，有一日，一个孩子跳着绳无意拍打到桂花树的枝头，一阵"桂花雨"落下来，大家哈哈笑了。老师随口问："你的绳子你做主，还能怎么玩？"这一问，不少人尝试起来。他们有的挂，有的扯，还有的说要把绳子绑上树。看着这28个孩子围着2棵小树，老师提醒："有比这更适合玩绳子的地方吗？"听到这话，孩子们更激动了，纷纷请求出门去寻找更"适合"的场地。自此，孩子们的"绳子游戏"开始生成了。

识别

当游戏生成的苗头出现时，我们首先要做的是能够识别。美诉课程中识别生成游戏的规则有两项：其一是看"兴趣程度"。兴趣是孩子学习最好的老师，它是一种原动力。若孩子表现出高昂的兴趣，便会自然产生想要尝试的需求，也能确保后期全身心地投入。当然，在情感与理智融合的过程中，这样的学习就是他们享受的、

孩子们选中了拓展区作为绳子游乐园

想要的过程。其二是看"困难程度"。就是对于孩子们的想法，老师要预估一下可能会遇到的困难到底有多大，难度过低或过高都是不适宜的。所以，判断生成性活动的内容是否"有嚼头"，要看能不能吸引孩子们调动自己全部的力量去努力探寻，并在自己的劳动下不断品尝到胜利的欣喜。犹如抽丝剥茧，不断给探究者新的结果和新的希望，这样才会支持探究者持续关注和深入探究。

推进

主题推进是一项技术活，要做到收放自如，需要老师加倍用心地观察儿童的游戏状况，发现某些"关键点"，使主题虽然有老师的作用，但完全贴合孩子的需要，是自然往前发展的态势。任何有痕迹的"牵引"动作都是我们所反对的。我们一般从三方面加以把握：

第一，把握"问题"的发现和解决。质疑、试验、反思；比较、判断、推理、归纳……这些都是我们期待孩子们具备的学习和思维方式，而教师心中有准备的预设问题和支持试错就是非常有效的具体操作方法。确定了拓展区作为绳子游戏的场地后，孩子们跃跃欲试。老师知道要想在两棵树之间拉出一条直直的绳子，看似简单却大有学问。果然，孩子们在尝试后发现了问题：绳子太短，够不着。于是，大家去寻找新绳子、测试绳子、确定绳子；找到合适的棉绳就折腾了一上午。之后又发现新问题：绳子的结头太松没法玩。老师引导孩子分析问题，寻找打出紧实的结的方法，并创造了自己的思维导图……随着一次次尝试，孩子们在发现问题、解决问题的循环中，构筑起了一个可持续发展的学习过程。

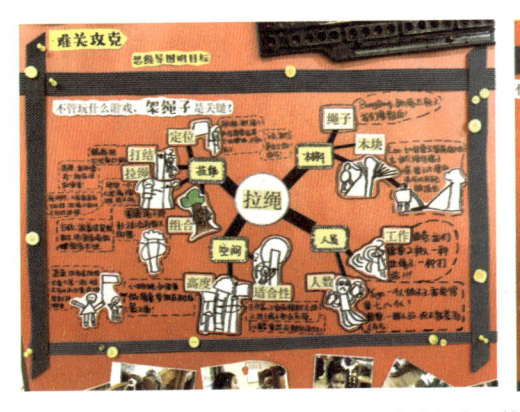

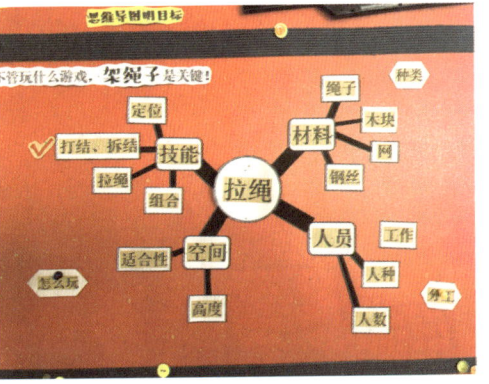

主题行进过程中思维导图逐渐变得丰富

幼儿在主题活动中进行沟通与分工

第二，把握"体验"的重要地位。因为孩子们学习的主要方式是"直接感知、实际操作、亲身体验"。只有体会过，他们才会对认知、情感有更为深刻的感受。比如，发现伙伴的重要性这件事，不是靠老师说教，而是放到实践中去体验。他们学会自己打结后，或一人或三五成群地向老师要了棉绳，便开始去拓展区制造自己的绳子玩具了，但树枝粗壮得让他们无法招架，折腾许久，绳子还是软塌塌地掉在地上。"老师，一个人太少了！"孩子提出。"好像是的，那怎么办？"于是孩子们开始自发组队。第二天四组队伍雄赳赳气昂昂地开始操作了，可不一会儿便吵得不可开交："你把那一头拉紧呀！""你在干什么呀！"孩子们在抱怨声中结束了第一次合作。第二次合作，孩子们提出"分工"这件事情。第三次合作，孩子们提出"沟通"这件事情。在一次次的体验中，大家真切感受到了伙伴的重要性。

第三，把握"在评价中梳理"的方法。在生成性活动实施中，教师思考在前，评

活动中使用的部分调查问卷

价梳理跟上，促发孩子们不断反思和调整，使他们在最近发展区中快乐地寻找更高的目标。老师在评价中使用问卷、照片视频分析、团讨等各种方式，引导孩子在"情境→问题→假设→推论→验证"的循环中积极主动地学习，以不同的姿态去观察、审视自己的行为，获得不少感悟："每次活动开始前大家都应该知道自己的任务""队长在活动后可以给队员盖章奖励""绳子之间插上木块不会移动"……孩子们在老师提供的支架下，不停思考，许多问题就迎刃而解了。

孩子们创造的绳子游戏

我们在以促进儿童发展为本的理念支持下，用敏锐、专业的目光去发现孩子们的兴趣，为他们提供环境、材料等多种支持，助力他们在实践操作中发现和解决问题，多给予具体的支架去引导他们进行自我评价、自我反思和分享合作，用有光亮的眼神看待每一种变化，迎接每一次挑战。

3.关于电子资源库

电子资源库是课程实施内容的"智慧仓库",其内容在基本固定不变的美诉课程大框架下,随着时间的推移呈动态累积的增长态势,承载着美诉课程日常教学、团队建设和儿童发展的重要任务。我们从体系建构、主题收集和调用反哺三方面着手做好资源库的维护。

体系建构:依照美诉课程实施内容体系,同步建构电子资源库的分类体系。在前面的表1中我们可以清楚看到,美诉课程内容以四季流转为线索,分成"充满希望的春""满藏向往的夏""收获满溢的秋"和"盘存蓄积的冬"四大主题,每个大主题再从代表外部变化的"园子"和代表内部生长的"我们"两个维度出发,分设一个二级主题(每个年段各一个,共6个)。2017年我们开始进行电子资源库建档,当年共积累了24个二级主题。2018年以2017年原有主题为预设内容,在自主选用的基础上,每个年段每学期各收集1~2个生成性二级主题,这样每个年度至少可以增加6个新的二级主题内容。如此循环往复,电子资源库内容越来越丰富。(图10为美诉课程电子资源库体系建构图)

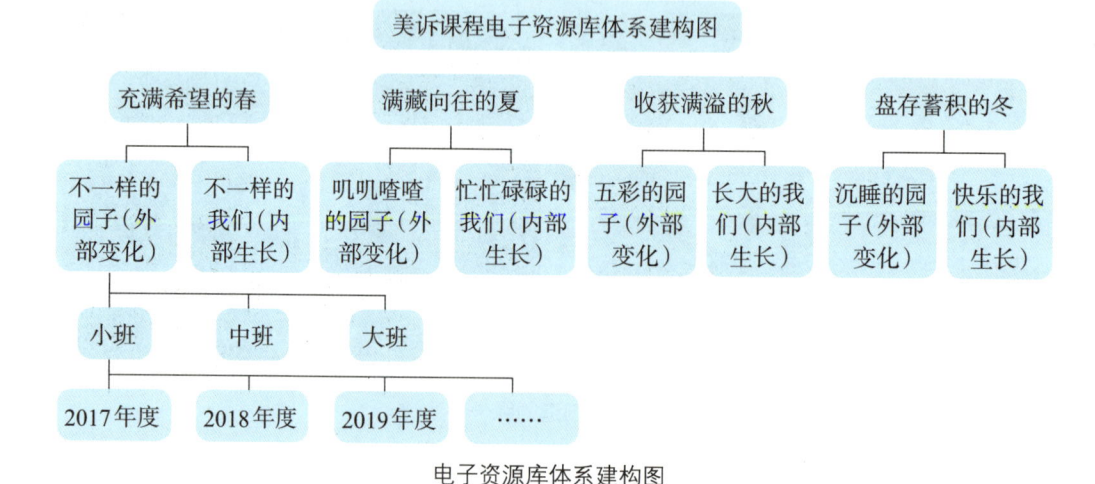

美诉课程电子资源库体系建构图

```
           美诉课程电子资源库体系建构图
┌──────────────┬──────────────┬──────────────┬──────────────┐
充满希望的春      满藏向往的夏      收获满溢的秋      盘存蓄积的冬
┌────┬────┐    ┌────┬────┐    ┌────┬────┐    ┌────┬────┐
不一样  不一样   叽叽喳喳 忙忙碌碌  五彩的  长大的   沉睡的  快乐的
的园子  的我们   的园子   的我们   园子    我们     园子    我们
(外部  (内部   (外部   (内部   (外部  (内部   (外部  (内部
变化)  生长)   变化)   生长)   变化)  生长)   变化)  生长)
    │
┌───┼───┐
小班  中班  大班
 │    │    │
2017 2018 2019  ……
年度  年度  年度
```

电子资源库体系建构图

主题收集:主题收集是团队每一个人的工作。每个二级主题完成后,主要以主题手册和材料包的方式进行收集整理。主题手册就像一部涵盖教学和管理的实用宝典,有了它的支持,就像有了拐杖,哪怕是不会走路的人,也可以稳稳地跨出去。主题手册由主题说明、经验唤醒篇、通道建构篇、多元表达篇、主题环境、家园合作、主题反思、主题故事、幼儿活动、幼儿作品十项内容组成，详尽地收集本主题实施过程中的每一项活动内容。其中，幼儿活动和幼儿作品两项内容因为篇幅的缘故，只选取一部分具有代表性的资料留存，其他孩子的资料存放到材料包。主题手册做到"一主题一手册"，以PDF格式编录进资源包。所有在主题中产生的故事、儿歌、课件、幼儿作品等均以电子档案的方式存于材料包中，便于老师分类取用。

2019年度大班美诉课程主题手册《向日葵》封面

主题手册《向日葵》目录

目录	
【主题说明】	3
【主题目标】	4
【主题脉络】	5
【主题内容】	6
【经验唤醒篇】	7
1.科学活动"美丽的向日葵"	10
2.体验活动"走近向日葵"（一）	11
3.体验活动"走近向日葵"（二）	13
4.语言、艺术活动"我的向日葵"	15
5.科学活动"向日葵的照养与呵护"	16
【通道建构篇】	18
6.律动活动《向日葵花》	19
7.艺术活动"国面向日葵"	21
8.艺术活动"线描画向日葵"	23
9.艺术活动"衍纸向日葵"	25
10.艺术活动"编织向日葵"	27
11.艺术活动"陶泥向日葵"	29
12.艺术活动"拓印向日葵"	31
【多元表达篇】	33
大一班方案教学集	34
大二班方案教学集	37
大三班方案教学集	41
【主题环境】	51
【家园合作】	53
【主题反思】	57
【主题故事】	59
【幼儿活动】	62
【幼儿作品】	65

调用反哺：团队内每位老师对资源库中的所有信息均有权自由调用。我们提倡老师们对资源库的高频分享和使用，同时也提出"调用必反哺"的约定。这一约定有两项细则：一是"调用不是照搬"。我们要用的是原作者呈现具体操作方法背后的原理、逻辑等观念，也就是要看明白设计意图，并根据本班实际情况去合理使用，这就要求老师去分析和运用现有资源，用专业的眼光去审视本班孩子们的现状和需

求，并能将两者很好地结合起来。二是"留下使用痕迹"。即每位教师在运用资源库完成教学后，对原有资源包内容要用"插入批注"的方法留下有针对性的思考和建议，彼此形成思维碰撞，让资源在主题行进和更替的过程中不断变得丰厚。

在资源库的建设过程中，除了集体智慧的高效分享外，管理者也能清楚地看到老师们的变化与思考。比如通过主题手册中主题审议表格支架可以看见老师对主题目标思考的有效性、目标与幼儿发展需求的匹配度、主题脉络与幼儿发展之间的关联度等，并通过这些具体可见的教育痕迹对老师的教育做为作出评判，提出更高的专业要求。

我们怎么做评价

提到"课程评价"这个话题，我们一直以来都是非常焦虑的，觉得各种量表高深莫测，哪怕学会用了，无数的数据也让人头疼。但是换一个角度，从评价初心这一视角去思考，我们认为其方法肯定不是唯一的，只要不偏离评价的初心，坚持儿童发展为本，我们一定能找到适合一线幼教工作者、适合美诉课程的评价方法。回到"儿童发展"这一根本，结合美诉课程对孩子"脚下带风、脸上带笑，心中有爱、眼里有光"的期待，我们想：课程评价除了用数据去说明问题，用孩子们的外在行为表现一样可以有效达到评价的目的。就像一位母亲，不能像医生那样用检测数据来说明新生儿的健康状况，但是她一定能从孩子有力的吸吮、香甜的睡眠和洪亮的哭声中感觉到宝宝正在健康成长。由此，我们将美诉课程的评价重点聚集于对儿童发展的过程性评价，通过"小日子"、成长册、作品展和开放日等方式开展，希望借助这些"特别事件"为孩子留下一份快乐、美好的童年回忆。

1. 我们的课程"小日子"

"小日子"是我们在课程中设置的主题纪念日，每个大主题各1个，一年共4个（表1中的最后一列内容），安排在大主题结束之前，既作为一次有仪式感的主题总结，又作为个人发展和主题展示的评价活动。"小日子"里设计的活动需要体现本主题的主要目标，在老师引导下，孩子们依据这些目标将"小日子"设计成一个或者一系列相关的游戏活动，通过个人参与、团队打通、小组联合等多样化的方式开展活动，老师（或其他观察者）则通过观察孩子们在这一个或者一系列游戏活动中的表现情况（教师观察记录表、孩子操作记录表、计划导图等），对照主题目标达成度做出相应评价，孩子的自我评价和同伴互评可以作为辅助方式进行。

"仲夏夜之梦"是2019年5月大主题"满藏向往的夏"里的"小日子"。《荀子·王制》中有"春耕、夏耘、秋收、冬藏，四者不失时，故五谷不绝"的说法，意为在每个季节干好每个季节的工作，那么就会五谷丰收。夏耘即夏锄，夏天应该做好锄田除草的工作，为禾苗的内部生长提供助力。美诉课程大主题"满藏向往的夏"的目标也是指向生长。儿童在这个主题中既有机会了解外部环境（大自然）的各种生长变化，也能认真体验和发现自身的生长变化。具体目标为"引导儿童专注并努力去完成自己想要做的事，对自己有新的认识"。为了能够让孩子对自己的变化生长点（专注、努力这两项特质）有更强烈的对比体验，老师们设计的"小日子"为"拟音音乐会"。所谓"拟音音乐会"，就是运用生活中的各种材料，创造性地表现夏天各种昆虫发出的声音。这项任务对于生活在城市的中班孩子来说具有很大的挑战性，因为他们缺乏对自然界昆虫的认知，也没有有意注意过生活中那些物体发出的声音，更不要说将两者进行匹配了。要完成"拟音音乐会"这样一次演出，没有每个人的专注和努力还真不行。

"小日子"是师幼共同的小日子，具体策划我们让孩子们走在前面，老师的思考和梳理隐藏在背后，老师适时出现提供帮助。

首先，当孩子们没有头绪，不知道从哪里下手的时候，老师提议大家先想一想"我们应该怎样一步一步地去做"，用问题导引的方式帮助孩子养成良好的思维习惯，同时梳理出这项任务的关键点，并同步将大的目标分解为若干小目标，与一个笼统的大目标比较，更具可操作性。很快，孩子们把拟音音乐会的目标分为先要知道昆虫唱歌的声音是怎样的，再去找什么声音适合模拟什么昆虫，并给自己规划好通过具体的两件事去完成：第一件事是他们想"夜探植物园"，亲临现场体验昆虫们到底会发出什么样的声音。第二件事是他们想既然是拟音，就应该先有一个可以模拟并且可视的对象，这样观众才能既看得到又听得到……有了这样的计划，孩子们的"小日子"正式启动了。当然，如果孩子们对小日子的规划思路是非常清晰的，那么老师是持放手态度，还是预见当下的思路下目标可能会发生偏差而提早介入提醒，就根据班级实际情况和个人教学风格来决定了。

紧接着，尽可能多地给孩子提供达成目标的实践机会，围绕本主题目标，采集更多的儿童相关行为表现，更多元、更立体地反映儿童的发展状况。当孩子们步入探索轨道后，老师需要鼓励、引导和支持孩子们通过各种方式拓展问题线索，在实践探索中体验目标达成。比如，对于"努力"这个宽泛的目标，在拟音音乐会的"小日子"中，老师除了一步步引导和支持孩子们开展分组、记录等，还鼓励孩子们用对比、分享、模仿、查漏补缺等方法，解决遇到的如何区别相似的声音、怎样做最优的选择等困难，让孩子们在付出努力的体验中，抽丝剥茧般地看到自己离目标越来越近，而孩子们留下的那些努力的痕迹（特别是那些动态记录的导图和表格需要做好留存以便分析），正很好地说明了他们对目标的理解和收获的成果。

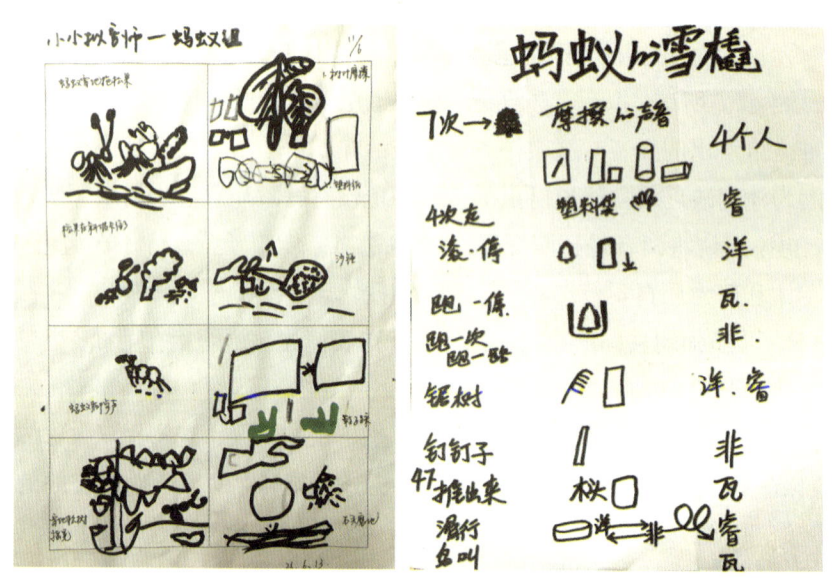

蚂蚁组排练表的前后对比

最后，到了"小日子"的呈现时刻，这也是孩子们对自己本阶段付出的努力的展示和汇报，所以此阶段我们做的主要是仪式感的营造。我们特意营造仪式感，是为了表达对孩子们成长的尊重与呵护，也让孩子们珍视自己的努力和付出，认可自己非常努力的当下，也给自己一个满意的评价。比如在拟音音乐会开始前，大家有些紧张，于是通过装扮自己来缓解；上场前，大家都互相击掌并说一些加油打气的话鼓励彼此；表演时藏进屏风后进行操作，营造神秘的表演环境和观众欣赏氛围；表演结束观众们掌声雷动的时候，大家一起出来谢幕……

孩子们专注表演中

在这样的"小日子"里，孩子们慢慢体会到自己的"不一样"：他们觉得"小日子"是他们的一件"大事"，必须认真、投入且精益求精；出现问题了，他们会努力尝试用各种办法去解决，慢慢积累很多有用的经验；为了能有更好的结果，他们还学会了客观地认识自己，欣赏别人，试着取长补短……

2. 成长册是为孩子珍藏的童年记忆

成长册是在主题结束后为每一个孩子收集、整理和制作的主题活动记录册。它是对孩子在主题中的活动和发展最为真实的记录和评价，是孩子们童年的珍贵记忆。

成长册的主要功能是记录以及以记录为基础进行过程性评价，体现师幼的共同成长。其内容以孩子们在主题下参与活动情况的过程性记录为主，如绘画表达、影像记录等，辅以多个评价主体（自己、同伴、教师、家长等）的定向观察内容。过程

孩子们的成长册

性评价主要通过大量的语言描述、部分的数据对比来完成。另外也根据需要通过典型案例对幼儿发展进行总结性评价。在成长册的评价中，除了教师评价外，我们也非常关注幼儿的自我评价、同伴评价以及他人评价等多元方式。

用好成长册这一评价手段的关键问题之一为内容的选择。怎样的内容可以进入成长册的收集范畴，教师应如何预设收集的材料等，这些问题需要我们进行提前思考与设计。总的来说，我们会把握以下几个方向：

（1）紧扣主题目标的内容。由于主题活动过程中，孩子们的活动表现是自然生成的，所以表达的内容也是多方面的。成长册为了更集中地指向个体阶段性的发展状态而对内容进行筛选，这不同于平常意义上的"个人成长档案"，可以将孩子们所有的表现收罗其中，成长册中需要我们收集的是各种能紧紧围绕目标展开的有效信息，以便为评价提供素材。

比如小班美诉主题"我"是一个与"成长"有关的内容。孩子们在主题中逐步熟悉自己的幼儿园及在园活动内容，并产生主动参与的意愿，建构参与活动、同伴交往的适宜方式，建立对幼儿园中人、事、物的内在认同感与情感联结，最后在自己的发展变化中产生自我认同感以及对幼儿园集体的积极感受。在"新环境中怎样成长"的目标主导下，我们可以选用与之紧密相关的，比如对环境的认知、自我的调适行为等作为收集内容，而对无紧密相关度的，比如个体兴趣爱好、能力发展等做略化处理。当然，略化不等于删除，而是作为观察资料保存，可作为其他能匹配的成长册中的基础内容。

（2）个体线性成长的内容。通过个体某项认知、情感、交往等方面具有线性发展的轨迹内容，能较为清晰地看到其量和质的变化过程。这样的内容通过数据对比和语言描述能够为评价提供真实有力的依据。比如主题"我"中，多多对绘画表达的情感态度经历从"不愿意"到"还能不能再画一张"的变化过程。主题开始之初，多多拿着画纸总是埋头玩着水彩笔。当老师走到他身边，鼓励他画一画自己喜欢的地方时，他总说："我不会画。我画不好的。"而当主题接近尾声时，多多总是提笔就画，甚至大家都去户外活动了他还不愿停下，更会主动要求："老师我想再画一张，因为我在幼儿园里喜欢的不止一个地方！"在贯穿主题的真实的成长册中，孩子们从前至后的变化是显而易见的：主动表达的意愿更强，内容更丰富、情感更投入，表达方式也获得更大拓展……

用好成长册这一评价手段的关键问题之二是对其他评价方式的关注和使用，特别是自我评价方式的使用。自我评价无关好坏，而是落脚于幼儿对经验的自我梳理和反思提升。教师通过引导和要求孩子们从"内容描述、情绪表露、自我判断"三方面着手，为自我评价提供支撑。孩子们在成长册中的自我评价也体现了他们可喜的成长。在主题"我"中，最初大部分孩子的评价与表达相对单一，主要聚焦于图画和自己的外在表现，而到了后期则能够在自我评价中，结合已有评价经验与在他人评价中习得的新经验，建构回顾、对比、反思、期望等评价方法，体现出个体丰富的"自我生长"，触探自己内心的成长，并对自己表现出满意的态度。

用好成长册这一评价手段之三是对幼儿发展的总结性评价的关键问题。总结性评价是以成长册记录中的若干典型案例为一组，给予幼儿一定时间段内某一种表现以定性评价。总结性评价不仅可以对幼儿的发展情况提供很好的界定，更可以有效体现教师的工作效度，提升教师自我反思的能力。所以总结性评价是最为有效的师幼共同成长评价方式，以教师对幼儿的评价结果为显性成果，其内在支撑是教师的专业成长。故从教师视角出发，我们可以从三方面做好总结性评价：

（1）能否从集体再聚焦到个体？这考量的是教师对个体差异的关注能力。因为主题预设基于整个年段，因此主题大目标也是基于集体制定的。随着个性化成长册的逐渐增厚，孩子们所表现出来的差异性也在不断提醒教师需要改变"集体一刀切"的教学模式，转而能在关注集体的基础上聚焦于每一个个体的成长，并及时调整自己的教学策略。自然，通过个体的不断提升，集体的主题目标达成度也会相应得到有效提升。比如班里总有几个人吃饭比较慢，诗诗是其中之一。因此在她的成长册中有不少和吃饭有关的内容。教师在前期对诗诗吃饭情况的评价中较多体现了"速度慢""专注不够"等，而在发现收效甚微后逐渐调整为更具鼓励性的语言激励以及增大运动量等策略，有效地改善了教学效果。

（2）能否从表象看到本质？小东是个比较腼腆的孩子。在成长册中新增的"幼儿园日记"这一页上，他画了一条弯弯绕绕的曲线、一条向上的斜线。老师们讨论时觉得孩子的表达非常不清楚，让人看不明白。后来问了孩子，孩子告知：这条弯弯曲曲的线代表他每天从家里到幼儿园走的路线，这条斜线就是幼儿园走进来的斜坡呀。确实，小班孩子利用画笔表达细节存在困难，透过表象看到本质，有助于教师正确捕捉孩子们的真实发展情况，帮助教师采取适宜的教育方式。

（3）能否从零散走向系统？美诉主题"我"聚焦"成长"，但"成长"并不是在某一节点突然完成的，而是一个长久的过程。因此，在这个主题下的活动绝不是单一、孤立的。这也在反复提醒教师，面对孩子个体成长时必须建立系统完整的发展观，置每个零散的"片段"于孩子完整的发展历程中去分析和应对，才能让自己的教育行为更科学，也更能适合孩子的需求。

成长册，是老师为孩子珍藏的童年回忆。

3. 主题作品展

主题作品展是美诉课程中以呈现多元化的作品的方式进行主题评价和儿童发展情况评价的手段。主题作品展的创作和布展过程是幼儿对主题内容学习后的多元表达的过程，进行自我评价、同伴评价和教师评价的动态过程。从作品的设计创作到展出方式都基于儿童，是美诉课程开展评价的有效载体之一。教师在幼儿作品创作的过程中通过观察儿童行为、倾听作品表达等方式，对幼儿作品进行综合评价，而儿童在创作的过程中不断发现自我、增强自信和成就感，在同伴评价中形成有效的同伴学习机制。

　　主题作品展一般由全班幼儿合作完成，因此是一种合作型作品表达，其特点为"合作"。"合作"贯穿于作品的设计、创作、修改、调整和最终呈现的整个过程，是对儿童发展情况真实有效的观测载体。合作型作品表达相对于个体作品表达，可以为教师提供更多维度的儿童评价依据和支点。我们可以通过自我评价、同伴评价、教师评价、对比评价、集体评价等多种方法，对儿童发展做出更为整体的观察与研判。

　　自我评价是一种综合能力，它体现出幼儿对自我认知、能力、性格等综合内容的预估和调适。比如在"超级滑滑梯幼儿园"主题作品创作过程中，幼儿经过不断自我探索与发现，自我评价水平逐渐获得提升。一开始选择创作内容时，有的孩子自信积极，有的孩子则犹豫不决，还有的孩子较为被动沉默，等待最后剩余的选项。但是到了制作和完善阶段，幼儿的自我评价就开始走向积极主动的情形。随着创作的深入，孩子们的作品不断完善和丰富，他们的自我评价伴随着作品的更精准表达也在不断提升。例如，姐姐、妹妹和菀心负责"大型玩具"区域，她们一开始按照印象中幼儿园大型玩具的范式进行创作，觉得自己要做得和幼儿园里的"很像"，

起初参考幼儿园里的大型玩具　　　　　　　　不断创新和丰富

审视自己的作品　　　　　　　　　　不断自我调整、丰富

但是到了后期她们开始创作出"透明通道""彩虹牌子""风车"等内容。她们觉得这部分的表达是"最好看的","大家一定都很喜欢"。自我评价最高的阶段出现在作品完成后展出的时刻。当幼儿把各自负责的部分进行组合后呈现一个"滑滑梯幼儿园"大型作品的时候,自我评价的情绪达到最高点。"哇,好棒!""太好看了!""耶!成功了!""在里面玩肯定超级开心!"

　　同伴评价可以促进同伴之间的互动和信息反馈,有效地激发幼儿的自我效能感和进一步创作的积极性。幼儿对同伴作品的评价主要从外观整体识别开始。如很多幼儿看到噜噜的房子时都会对他整体的黄绿亮色搭配评价:"哇,好漂亮啊!"另外,同伴评价还多与自身经验有关。如很多幼儿会被菀心和姐姐、妹妹创作的大型玩具吸引,不时有人走过去看看并说:"哇,真好看!好想进去玩呀!"当看到别人的"教室"里制作了小桌子和椅子时会说:"哎呀,我怎么没想到呀!"继而会模仿同伴也添加上相应的东西。孩子们就是这么一点点地在关注和被关注、评价和被评价中改变着自己。

花卷设计了"独立餐厅"

齐齐设计了"独立书房"

教师评价则贯穿于整个创作过程中。积极正向的评价一方面使幼儿获得极大的成就感，另一方面能够促进幼儿之间的相互学习。另外，教师对色彩、结构、造型等艺术元素的评价，能够让幼儿对自己的作品进行反观和调整，引导幼儿在欣赏他人作品时更"懂得"欣赏和评价，从而提升幼儿的自我评价和同伴评价能力。例如，教师对"大型玩具"评价："颜色搭配得真好看，利用塑料包装做出透明通道的效果，真会动脑筋！还有一圈小灯做装饰，看上去很精致。"这些评语对于其他幼儿也会

教师评价引导组装

在造型中增加景观物

合作完成的作品

内部细节

院落围墙上的景观灯

幼儿园中玩耍的"自己"

产生影响。老师发现部分孩子开始在自己的作品中也加入一些细小的元素，来提升作品的视觉效果。在教师评价、同伴学习的互动中，"滑滑梯幼儿园"越来越接近幼儿心中理想幼儿园的样子。

在具体使用评价方法之前，我们需要依据主题内容并尊重幼儿需求来确立具体的评价标准，每项评价标准以单维度的形式呈现，便于幼儿执行。以"我有一个幼儿园"为例。这个"幼儿园"是孩子们讨论和设计出来的，具体的评价标准就可以由幼儿集体商议来制定，教师加以引导。简单可记录的可视化"评价标准"更适合幼儿使用。

表2 "滑滑梯幼儿园"评价表（完成情况）

评价指标	成功度	改进方法
颜色很舒服		
和设计图很像		
材料很安全		
觉得很好玩		
让人很满意		

借由表2这样简单的主题作品评价标准，可以激发幼儿对作品的完成效度进行观察和思考，以此促进幼儿的观察、思考和创新能力。

除了对作品完成度的评价外，我们还应关注儿童在过程中其他能力的发展，如交往能力、合作能力、坚持性等，可根据需要制定相应单项的评价表供幼儿和教师使用，以此促进儿童在相关能力方面的综合发展。因此，以主题作品展为载体进行的儿童评价，在具体运用时需要根据具体的评价对象和内容来设置适合幼儿的评价指标，并实施有效的评价。当然，无论使用哪种评价表，教师都要遵守三个原则：一是以儿童为主，根据幼儿的评价能力引导幼儿共同商议制定；二是主题化（系列化），即与主题内容相关联；三是灵活可变，可以根据作品表达的阶段对应调整评价的内容。

表3 "滑滑梯幼儿园"评价表（合作情况）

评价指标	频率	满意度
我总是一个人创作		
我喜欢和朋友一起创作		
我为伙伴提供帮助		
我提出过有效的建议		
我在创作时很开心		
我觉得我们的作品很棒		

在主题作品展的过程性评价后，信息管理非常重要。信息管理是指对评价结果

信息进行整理、分析和运用的过程。我们要充分利用各种评价反馈信息，做好整理或统计，既为儿童的成长储备真实有价值的记录，也为主题开展成效和教师教育行为适恰性提供检验依据。比如"滑滑梯幼儿园"主题作品展的合作表达过程是孩子们对主题开展内容的创造性再现，在对评价内容做归整的时候，我们发现幼儿的设计造型源于欣赏过的各种类型的幼儿园，同时又融入自己最喜欢的场地或场景，如超级大的滑滑梯。而对幼儿园的功能设计则源于对自己幼儿园的功能的了解，如幼儿园有教室、户外游戏场、保健室、办公室、餐厅等，这就充分验证了主题前期经验唤醒和通道建构教学的有效性。

4.特别的开放日

家长作为幼儿园重要的合作伙伴参与到课程的评价中，能够更好地理解幼儿园园本课程的设置和意义，对幼儿发展起到推动作用。实践也很好地表明了，参与幼儿园的主题活动并积极互动，是提高家长科学养育孩子的认知和技能的最有效方式之一，因此我们将传统的家长开放日转变为"主题互动式"家长开放日。

大主题"盘存蓄积的冬"背景下，中班年级组开展了"我的新年"小主题。主题中跟随孩子们的兴趣和需求，我们一起探索"年兽"，了解了由年兽衍生出的"中国红"、年夜饭等新年习俗。孩子们表现出了强烈的"装扮"教室、和爸爸妈妈一起在幼儿园吃年夜饭的意愿。他们还商量了"年夜饭"当天的活动——剪窗花、写"福"字、写对联、做灯笼、写新年签，用自己和爸爸妈妈一起制作的"中国红"装扮教室；包饺子、炸春卷，请爸爸妈妈协助自己烹饪"年夜饭"美食。基于此，我们广泛征求了家长们的意见和建议，决定通过"我们的小年夜"主题式家长开放日，在满足孩子们兴趣和需求的同时，创设条件让家长们参与、融入我们的课程。

根据孩子们的意愿以及家长们的建议，教师安排了开放日当日的活动内容——用"中国红"装饰教室、做饺子和春卷、吃"年夜饭"。在教师对活动内容和要求进行介绍后，家长和孩子们首先投入到了"中国红"的制作中。看到孩子们自信满满地制作"灯笼"、不怕困难尝试写"福"字、兴高采烈地挂"新年签"、认真专注地装饰个性化"春联"，家长们的脸上露出微笑，不禁和身旁老师表达自己的欣喜："她以前不愿意尝试不会的东西，现在能够主动地说要写'福'字，我感到很惊喜。""元宝比以前自信了很多，以前参加活动都要我陪在旁边，现在能够主动、独立地去完成，进步很大。"……

家长们的表情和话语是他们对儿童在课程中获得的成长的评价方式之一。家长们在参与活动的过程中更真切、更直观地去观察自己的孩子，也更清晰地发现自己孩子的成长和变化。

在布置完教室后，我们开始做"年夜饭"的准备"工作"。当天班里的家长志愿者一大早就去菜场买好菜、剁好馅。活动中还为孩子们耐心地示范包饺子和春卷的方法，手把手地教他们怎么包。一个、两个、三个……看着越来越多包好的饺子、春卷，孩子们欢呼雀跃。

另一部分家长志愿者则在阳台的一角热火朝天地按照孩子们自己设计的"十全十美年夜饭菜单"烹饪美食："松子鳜鱼""糖醋排骨""八宝饭""醋熘土豆丝"……在大家的努力下，我们的"年夜饭"出炉啦！孩子们拿着勺子、碗迫不及待地品尝自己和爸爸妈妈一起制作的"年夜饭"，一边品尝一边说"好好吃""真开心""好幸福"。

而家长们也纷纷表示这样的活动很有意义、很有趣，希望以后还能够举行这样的活动。一位妈妈说："我没有想到幼儿园的活动这么丰富、形式这么多样，在参与孩子幼儿园生活的同时不仅看到小朋友在幼儿园这个小社会里独立自主、勇敢尝试的另一面，也让我感觉到老师的用心和温暖。"另一位妈妈说："作为家长的我也很享受这样的活动，让孩子们乐在其中，我们这些来帮忙的家长觉得辛苦一点不算什么，孩子的成长看得见，希望这样的活动以后还能举办。"

"主题式家长开放日"建立了一个平等的、互动的交流平台，实现了教师、家长、幼儿三方的平等对话和反思交流。作为评价主体之一的家长主动、积极地介入教育活动中，"卷入"式参与活动的计划、内容的设计，变"旁观者"为"参与者"，以亲身体验、实践操作的方式参与到我们的课程中，对儿童的成长变化做出判断和评价，有效提升了家长自身的养育能力，增进了亲子关系，同时也促进教师对教育态度、教育行为以及教学效果进行更深入的分析和反思，进一步提高保教质量。

第二章　美，让我们更懂得

懂得，

是一种看见，

是一种理解，

是一种支持，

更是一种无声的共鸣……

懂得，之于我们是专业的体现，是我们为之不懈追求的目标。我们努力去懂得老师，懂得孩子，懂得环境，懂得作品……

懂得，让我们体验前所未有的幸福感。正是因为这种幸福感，让我们将对专业的追求作为奔跑的方向，在孜孜不倦中创造美、享受美。

美，让我们更懂得孩子

每一个孩子都具备主动学习的特质，对他们来说，凡事皆有可能。教育的美，就是在观察和懂得孩子的过程中支持他们去尝试和体验这些"可能"。然而，怎样做才能去懂得孩子？浙江师范大学刘宝根教授认为：懂孩子，需要有时间跟孩子在一起；懂孩子，需要经常蹲下来倾听；懂孩子，需要学会更多的等待；懂孩子，需要更多的共情。是啊，懂孩子是在陪伴、倾听、等待和与孩子共情的过程中更深入地洞察他们的内心世界。它不仅是专业能力的体现，也是教师职业幸福感的体验。它让老师发现自己的能力，享受到孩子的喜爱、信任和依靠，在美好的体验中更加坚定地前行。

1. 观察这件事，怎么做

观察是教师最基本的职业技能，是其开展一日教育教学活动的基础。"把培养教师的观察能力视为帮助教师从新手成长为专家的必要条件和重要途径。"[1]我们在课程实施中，把"观察力"作为一项教师的基本技能进行重点培养，并保持持续和阶梯推进，以此提升团队整体专业素养。

基于阅读，厘清认知。观察的意义是什么？需要观察的内容有哪些？我们可以怎么做？ 这是老师们在实施观察之前需要解决的问题。《观察：走近儿童的世界》这本书就可以很好地帮助我们解决这些问题。我们也正是通过分层阅读活动，帮助

---

[1] Sheila Riddall-Leech.观察：走近儿童的世界.潘月娟，王艳云，译.北京：北京师范大学出版社，2008.

老师们理清思路。我们首先了解教师的不同需求，以此为依据设计相应的阅读计划，并细化为导读单。紧接着通过导读单支持老师们进一步精读、细读，明确观察的意义，同时设计具体操作内容。最后将前期阅读后的成果用于实践，构建阅读、实践、反思、再阅读的循环方式，不断巩固认知，获得方法，养成观察习惯，提升观察能力。

设计表格，明确内容。 由教科室牵头共同设计各类观察表，满足教师不同的观察需求，通过使用观察表帮助老师明确和始终坚持观察目的。观察表的类型是多元化的，既有常规观察表，也有指向突发事件的个案观察表；既有幼儿个体行为观察表，也有师幼互动行为观察表，或是通过不同的游戏类型设计的观察表。简言之，只要是孩子们有意义的行为，教师都可以当作观察的内容，并根据其具体情况设计重点观察的内容。我们在设计观察表时重点关注白描和量化的观察方法，同时对定性评价也有一定的要求。为了让每一位老师都明白观察表的使用方法，教科室还提供了每一张观察表的使用方法说明，以此支持老师正确、有效地使用表格。

表4　自主游戏中学习品质观察表

幼儿姓名：　　　　性别：　　　　观察教师：　　　　日期：

类目	项目	经常	偶尔	很少	从未
自主性	1. 独立完成一项活动。				
	2. 主动选择活动。				
	3. 主动收拾玩具。				
	4. 分享活动时主动提出自己的看法。				
注意力	1. 在区域逗留10分钟以上。				
	2. 愿意思考、解决问题。				
	3. 不受环境影响改变活动。				
合作情况	1. 与同伴交流。				
	2. 能与同伴一起完成一项工作。				
	3. 遵守集体游戏规则。				
	4. 轮流使用活动材料。				

续表

类目	项目	经常	偶尔	很少	从未
创造性	1. 利用不同的材料做整体的造型。				
	2. 简述其作品造型的意义。				
	3. 提出解决问题的方法。				
	4. 提供不同的答案。				
观察分析					

说明：本表为个体学习品质观察综合表，使用时建议每次选择一个项目进行多频次反复观察，以尽量真实反映个体学习品质的稳定性。

表5　游戏参与方式观察记录表

观察对象：　　　　　　观察教师：　　　　　　日期：

观察对象	游离	旁观	单独游戏	平行游戏	联合游戏	合作游戏
观察解读						

说明：本表为对一组孩子参与游戏方式的观察记录，建议每次观察3~5人为宜。用画"正"字的方式记录观察对象的不同游戏参与方式。

主题研修，支持观察。明确了观察内容，接着就要在具体实践过程中打磨观察能力。在实践中，我们发现，通过主题研修的方式反复运用观察方法以及实施观察后评价等，是一个非常好的支持策略。因为序列化推进的主题进程能更显性地展示儿童的过程性发展变化，为观察效果之于儿童发展的反馈运用取得很好的可视化效果，从而激励教师获得观察实施的存在感、成就感和价值感。主题研修下的观察主要以年段教研组为单位进行，组长带领组员每周根据实际需要确定观察主题，实施观察活动，并组织大家围绕观察主题进行有针对性的研修。以"观察记录怎么撰写"为例，年级组以主题中观察到的案例为研修点，从观察记录选择问题导入开始，到以分解问题的方式进一步推进研修，最后落脚到怎样运用具体的观察方法——解决分解后的问题，达成观察目的。看似简单的过程，却很自然地理清了观察的内容、步骤和方法，也便于教师及时比对并发现自己在观察中存在的问题，进行有效的自我反思。教师的观察意识和观察能力正是在这样有目的、有组织的主题研修活动中得到提升和发展。

中班组研修 　　　　　　　　　　大班组研修

2.读孩子，读些什么，怎么读

读孩子不是一件简单的事，这个"读"字到底有怎样的内涵？一般意义上我们对"读"的释义有：朗读，也就是看着文字大声念出来；阅读，看着书轻声或者无声地读；上学，比如读小学、读大学；还有一种含义是识取、读取，即运用自己的方法进行观察并努力还原观察对象的真实需求。显而易见，我们所说的"读"即识取和

读取。

让我们先来听听老师们对"读孩子"是怎样理解的,他们又用了什么方法来读孩子呢?

小鱼老师说:"读孩子,读的是孩子的情绪,是看,是听……"

袁老师说:"读孩子,读的是孩子的感受和想法、兴趣和需要。老师要亲近孩子,加入孩子,在和孩子的相处中观察、倾听、思考。"

芸芸老师说:"读孩子,是读童心,在与孩子沟通交流的过程中感受孩子的所思所想;读孩子,是读童画,观察孩子的艺术作品,倾听孩子的表达,了解孩子天马行空的想象和创造;读孩子,还要读品质,观察孩子的学习行为,了解孩子的学习品质状况。"

柴柴老师说:"读孩子,从个体性上看,读的是个体的语言、表情、动作、经验水平等,通过这些来了解孩子的内心世界与真实想法等;从群体性上看,读的是孩子的共性和个性,并从中了解个体差异等。在读孩子的过程中创设丰富适宜的环境和各类活动很重要。要站在孩子的角度来理解孩子的想法和感受,形成有温度的互动与交流。"

王老师说:"读孩子包括很多内容,比如孩子的语言、行为、作品、情绪、内心需求、奇思妙想等。而'读'和'读懂'之间也有一些区别,'读'说明有心为之,而'读懂'则需要用心为之!"

周周老师说:"读孩子,是读孩子对万物的想法,读孩子对待事物的态度,读孩子无畏无惧的各种探索、挑战和创造。如果可以,抛开一切顾忌与纷扰,让自己变成孩子,沉浸在孩子的世界里,去聆听,去感悟。"

……

听了老师们这么多的想法,我们发现,每个老师对读孩子这件事情,都有自己的看法和方法。归结来说,读孩子,读的是孩子的经验、兴趣、需求、发展……读,持续渗透在一日生活的各个环节,是了解、发现孩子的过程,由观察、倾听到互动、思考,最终走向对孩子发展的支持。

另外,掌握观察、倾听等技术层面的操作,还远远不够,还需要老师具备与孩子共情的能力。共情是由人本主义心理学家罗杰斯提出的心理学概念。共情,也称同理心,又译作同感、投情等,指能设身处地体验他人的处境,对他人情绪情感具备感受力和理解力。共情是一种理解、一种感同身受,是老师真正能走近孩子的关键因素。

3. 懂孩子的过程中,老师有什么样的变化

在懂孩子的过程中,老师的理念变了,尊重、欣赏、理解儿童等关键词深入老师的内心;老师的行为变了,观察、倾听、回应、支持成为大家的共识,并践行在自己的教育教学中。老师在懂得孩子的过程中享受到这份懂得带给自己的幸福感,享受和孩子在一起的每一个美妙时刻。

因为懂得,愿意倾听,发现问题,转变作品评价理念。倾听是理念和行动的双重体现,是一种意识,更是懂得儿童并进行自我反思和行动调整的基础。

故事1:抱歉,孩子!
【讲述者】舒老师
【故事背景】美术活动"我的朋友"
——航航的耳朵大大的,像蝴蝶!
——朱俊轩眼睛一只单眼皮、一只双眼皮,一只大、一只小。
……

孩子们每天都在认真地观察着自己的朋友。来场有趣的写生怎么样?我将孩子的照片剪成左右两半,让他们照着照片上的一半,补全朋友的另一半,我想效果肯定会是"很像""很好"的!但结果是——我被气到了!

——想想!沈芸轩的脸只有这么小吗?你是不是画错了?我给你剪掉重画!
——好的……

为什么她第二次画还是把脸画得这么细长?她有没有在观察?

想想说:"沈芸轩的脸跟别人的都不一样,有点难。老师说过'看到什么就画什么',我

美术作品"我的朋友"

就这样画了。"

原来,想想很好地表达了向上翘的眼睛、向下挂的嘴巴……在评价孩子之前,我没有想过她为什么这样画,更没考虑过我提供给她的材料是需要商榷的。

故事讲到这里,我真是有些生气,不是对孩子,而是对自己!面对孩子,我还有许多事情需要用心去做好:

(1)面对孩子,别着急评价。

拿到孩子的作品,我心里就已有一个预判,有时候甚至直接说出口。活动中,我与幼儿的对话围绕画得"对不对""像不像"展开,孩子们因此深受打击。"别说话,先听孩子是怎么说"是我要好好去做的事。

(2)理解"诉",听孩子诉。

有时我总是以看到的结果来判断孩子的行为,却不听孩子的描述。我要学会先问、先听,而不是去做一个"不分青红皂白"的评价者。

(3)时刻反思教学点滴。

作品中孩子几乎没有画出朋友的另半边身体,这是否说明对中班孩子来说没必要提供身体的照片呢?

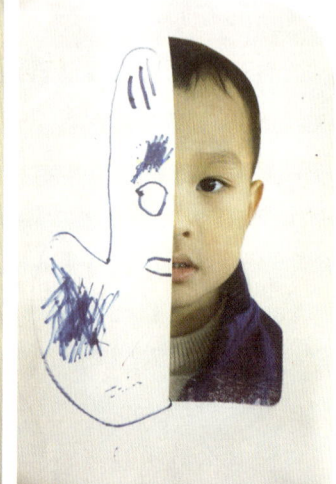

好难画的衣服

（4）让温暖的儿童观浸润每一天。

孩子是特有的独立个体，他们有自己的意愿，有自己世界的规则。我们要时刻尊重和接纳孩子，也应记住不能代替孩子感知、观察、思考。相信孩子，不仅惊喜于他们成长，更要珍视他们遇到的困难与问题。

因为懂得，共情于孩子的感受，调整支持策略。共情是一种意识，也是一种能力。懂孩子的过程中，情感第一，策略第二。与孩子共情，能促使我们更好地站在孩子的角度去感悟、发现他们的真实需求，从而选择更加适宜的策略支持孩子。

故事2：看见孩子，情感为先

【讲述者】袁老师

【故事背景】午餐时刻

"吃好饭"主题活动进行到后期，孩子们的进餐情况有了一定的改善，但有个别孩子似乎还是有些困难，吃一口发一会儿呆。糖糕就属于这一类。我跟她说："糖糕，你要加油了哦，一口接一口。"糖糕听了，吃了一口，又继续发呆……有一次，我看到糖糕刚吃了一口，于是连忙说："糖糕现在吃饭好大一口，果然是中班的小姐姐了。"糖糕听了，紧接着又吃了很大一口，似乎很得意的样子。那一天，糖糕很快吃完了自己的饭菜。

矛盾冲突："你要……"VS"你很棒"

两次给孩子的回应，透露出不同的教育观，第一次，我虽然是在鼓励，但其实是在告诉孩子，你现在的表现不够好，你要……而第二次则是将孩子的小小进步放大来肯定和表扬，让孩子真切感受到老师的悦纳和自己的成长，从而自发地想要做到更好。对孩子的表现，不同的回应方式带来不同的效果，在那一刻我突然明白在与孩子互动的过程中，放大孩子的进步和优势，及时进行着重的肯定，用欣赏的眼光看待孩子，比将孩子做出的努力和进步看成理所当然要好得多。

因为懂得，向孩子学习，并进一步支持孩子。教师在不经意间总有一种权威性，放下自己，看到孩子，反思自己，向孩子学习，才能更好地支持孩子的深度发展。

故事3：有人啦，座位卡

【讲述者】刘老师

【故事背景】点心时刻

自主点心时间到了，洋洋拿着酸奶赶紧坐下。

"呀！水果没拿！"

他从口袋里拿出小纸片放在桌子上后离开了。

我很好奇，这时小一拿着酸奶过来了，看到这张纸就离开了。我更好奇了，走近看，纸上是这样画的。

洋洋的座位卡

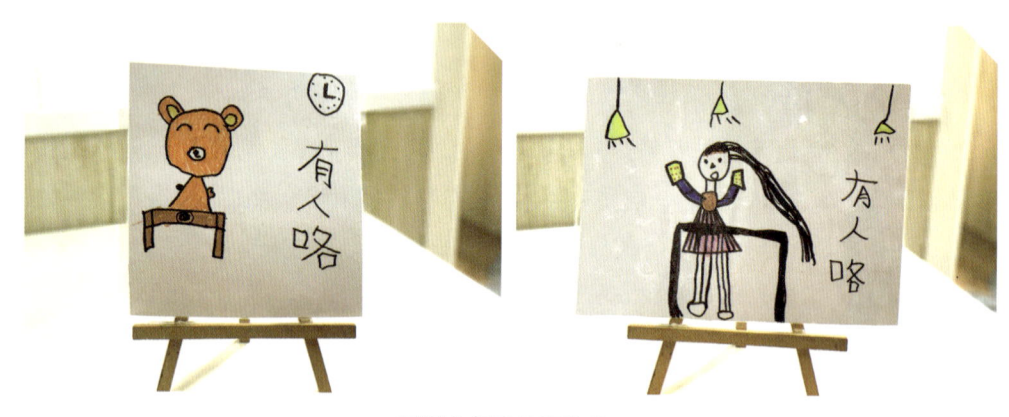

可以立起来的座位卡

我明白了，每次点心时间孩子离开座位，回来就有人坐了，于是自己画了这张小卡片，其他小朋友就知道这个座位是有人的。

是啊，面对点心区时有发生的座位争执现象，我们安抚、等待孩子们互相妥协，表面上解决了问题，但没有思考更好的办法。于是，抢座位的事情还是时有发生。

孩子，你用自己的方式给老师上了生动的一课。

孩子，我要多向你学习！

孩子，感谢你！你总时不时地给我惊喜。

故事并没有结束，我也有进步哦，我和孩子一起制作了不同的座位卡。

因为懂得，转变认知，打破固有印象。很多时候，惯性思维成为一种习惯，对某种现象、问题理所当然地去思考对待。懂得儿童，让老师们打破自己对孩子的固有印象，转变认知，转变观念，充分体现懂得的价值和意义。

故事4：再见，旧印象

【讲述者】陈老师

【故事背景】自主游戏时刻

"你们看，这是我们设计的发型！怎么样？"美发屋里传来了男孩兴奋的声音，今天的美发屋又被男孩占领了。

学期初美发屋是预设给女孩的。因为女孩爱美，有生活经验。初期游戏时，美发屋的确是女孩的天下，这正合我的想法，我太了解孩子了（当时有一点沾沾自喜）。

有一天，美发屋进个了一来男孩，争执就这样发生了。女孩认为这是女孩玩的，男孩认为理发师都是男的，男孩、女孩说的都有自己的道理。

许多教师在创设游戏时，内心是否和我一样总会不自觉地将自己的惯性思维强加给孩子？规定了游戏地点、游戏名称，甚至是游戏玩法。但孩子们的游戏真的需要教育者预设的限定吗？当男孩们兴致勃勃地参与其中时，我们会因为自己对美发屋游戏性别的习惯认知而去阻止男孩进入吗？

经过这次孩子们的争执，我对自己思维的"固有印象"问题有了警觉，游戏不分男女，我怎能随意去贴标签呢？尊重孩子的兴趣，支持他们去体验小脑袋中的一个个想法，哪怕这些都是成人眼里的"不可能"。

看到老师的变化和内心的感受，作为教研人的我们，一种自豪感、幸福感油然而生。老师们的真实感受和点滴变化，让我们发现专业发展带给老师的蜕变，也让我们更加坚定支持老师们走专业发展道路的决心。

美，让我们更懂得老师

对于教科研负责人来说，懂得老师是支持老师的前提和关键，也是发现老师、支持老师发展的过程。因为懂得，才能发现老师们的需求、困惑，才能有针对性地给予有效支持，助推老师获得专业成长；因为懂得，让彼此的心意相通，达成心灵的默契与共鸣，你知我，我懂你，这是何其美妙的感觉。也正因为如此，懂得和支持老师获得专业发展是教科研人一贯的追求。

1. 课程拐杖,构建教师思维方式

拐杖,行走的辅助器。课程拐杖是指借助既定课程操作路径为教师课程实践搭建思考和行动的支架,支持教师开展课程实施工作。美诉课程的拐杖即其操作路径,指经验唤醒、通道建构、多元表达。拐杖运用是一个循序渐进的过程,需要借助教科室的力量,从手把手教慢慢过渡到教师独立运用,积淀独立思考能力,最终可以甩掉拐杖,大踏步前进。为此,运用拐杖的过程也是在教科室引领下,教师分层进行课程实施能力培育的过程,主要分三步走:

亲手带着走。美诉课程实践采用分层进行的办法,分为管理层、领导层和实践层。管理层负责课程目标、内容等设计工作;领导层是中间层,在传达、联络中确保课程实施方向;实践层指一线教师。三者既有从属关系,又在课程的具体实施中紧密结合。我们在运用课程拐杖的前期,首先由业务园长带着年级组长一起审议主题、设计课程。这个过程最重要的是帮助教师理解课程拐杖的内涵,并了解和掌握运用的方法,为年级组的审议奠定基础。

在具体的主题实施中,课程切入、脉络设计、素材剖析、活动设计、实施推进等工作由业务负责人具体引领,手把手指导教科室、年级组、班级逐一推进开展。业务负责人除以上工作外,还需要每天到不同班级进班观摩,并于当天中午带领年级组老师一起进行有针对性的研修交流,同时以此为基础确定第二天的活动内容以及班级环境的跟进支持。最后在主题结束阶段进行整个主题的梳理、反思研讨,带领老师一起回顾课程实施过程中的亮点和不足,梳理成经验共享给其他年级组老师,支持大家进一步内化课程实施内涵。

帮衬扶着走。这个过程中在业务园长带领下的教科室从冲在前头改为退居二线,做忠实的倾听者和引导者。由年级组长带领教科室参与年级组内的课程实施工作,教科室同时参与主题反思和研讨活动,并在年级组遇到困难时及时给予引导,帮助大家梳理问题、明晰方向。

小班年级组在开展"魔法秋天"主题的时候,由年级组长运用课程拐杖带领组内教师进行主题审议。从主题确定到脉络梳理、主题实施均由年级组长主持实施。教科室每天中午参加年级组的审议会议,认真倾听大家有关实施情况的汇报,针对大家有争议的问题进行引导性发言,激发老师从不同层面综合思考问题。比如"魔

法秋天"的主题,年级组提出主题的核心内涵指向对秋天的感知,从天气到周围环境、人的变化,最后感受、发现秋的特点。大体方向适合小班的孩子,但是整个主题内容面面俱到、浅尝辄止,重点是告诉小朋友秋天的具体特征。基于此,业务负责人及时介入引导,将主题聚焦到对秋天外部特征的观察、感受和发现,在此过程中使孩子对秋天色彩的认知、经验与情感。

独立运用放手走。经过前期的准备,老师们对课程拐杖的内涵和操作方法都有了较为深刻的理解。但拐杖的运用并不是我们的目的,抛开拐杖独立走,走得快走得稳,才是课程路径下教师培养的目标。放手支持全体老师独立思考,支持他们依据班级的实际情况进行课程的"班本化"实施,这是后阶段教科室的重点任务。此时,教科室以阶段性参与的方式介入,鼓励生成性主题活动的开展,在让老师们"放手走"的过程中对课程实施方向和质量进行监督、指导并提供必要的支持。2019年大班的生成性主题"向日葵"便是老师成长最好的见证。

【主题来源】 6月,中二班的小朋友偶然在一个角落里发现一棵向日葵开花了,他们欢喜得不得了,一有空闲就围着向日葵看。这一切,老师都看在眼里,于是萌发了开展"向日葵"主题活动的想法。

【以路径为依托开始主题审议】 在看到了孩子们的兴奋、喜悦与好奇,又对向日葵相关内容进行了学习之后,两位老师基本确认主题实施的可行性,她们正式着手准备主题实施,首先要做的就是依托课程路径对主题进行审议。

路径1经验唤醒:表达建立在体验的基础上,而由于缺乏生活经验,孩子们对向日葵的体验不足,可考虑从种植开始,让孩子们在这些小精灵的发芽、生长过程中,通过自己的操作,获取相关知识经验,建立对向日葵的情感联结。于是,暑假前给孩子们发了向日葵种子,请家长和孩子一起在家养护,到开学时带上自己的向日葵一起上幼儿园。

路径2通道建构:向日葵在幼儿园继续生长,孩子们通过劳作、观察和记录获取更多关于向日葵的信息。除此以外,教师可以通过安排名画欣赏以及其他编织、摄影等作品欣赏,给孩子提供体验机会,建构孩子艺术、审美表达的经验,为下一个阶段的多元表达打好基础。

路径3多元表达:在前期体验的基础上,以"我的向日葵"为内容引导和支持孩子构建自己心目中最爱、最美的那棵向日葵。鼓励他们选择一种或多种艺术形式进行表达，并对自己的作品进行布展和义卖，同时留存种子，为中班弟弟妹妹们明年的播种做准备，这也是孩子们对向日葵爱的延续。

【审议后的具化】

（1）确定主题目标：围绕幼儿兴趣，并以其经验为基础，从认知、情感和表达三个方面确定主题目标。

（2）逐层设计操作图：操作图是教师为了理清思路并确保主题基本方向不偏离而设的，所以是在活动实施过程中根据需要逐层、分步地完成的，并非主题开始前全部完成。

第一层操作即主题框架图（见图34），主要用于明确主题三阶段的不同目标和大致任务。

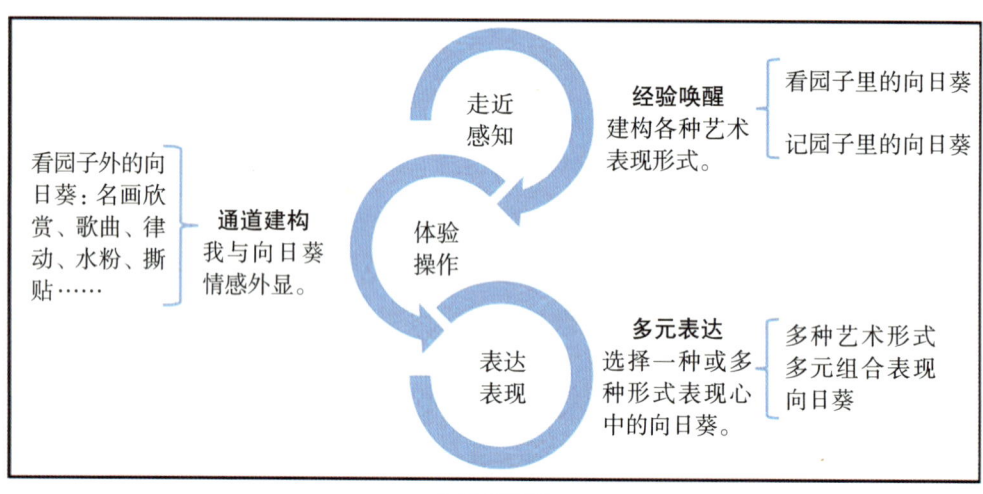

主题框架图

第二层操作是第一层的操作方法具化图（见图35），除了内容的具化以外，还整合了区域设置、家长交流等主题管理工作。

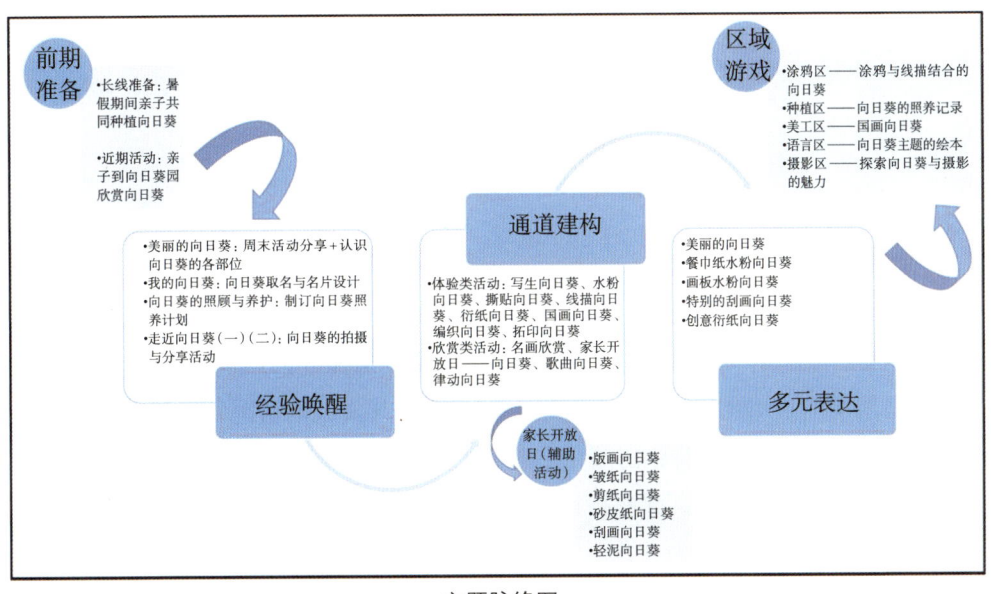

主题脉络图

第三层操作是具体主题内容安排表（见表6），整合了围绕目标开展的各阶段主题内容安排，落实到一日生活的活动实施中去。因为是班本化的生成主题，所以内容安排表不是一成不变的，在操作过程中需要根据孩子的兴趣、能力以及活动本身的容量、速度、顺序等做出调整。

表6 具体主题内容安排表

	经验唤醒	通道建构	多元表达
活动安排	★美丽的向日葵 ★我的向日葵 向日葵的照顾与养护 走近向日葵（一） 走近向日葵（二）	体验类活动： ★水粉向日葵 ★撕贴向日葵 写生向日葵 ★线描向日葵 ★家长开放日 ★衍纸向日葵 ★国画向日葵 ★编织向日葵 ★拓印向日葵 欣赏类活动： ★名画欣赏——向日葵 ★歌曲：向日葵 ★律动：向日葵	★分组指导——水粉组 ★分组指导——刮画组 ★平面衍纸向日葵 ★立体衍纸向日葵
区域游戏	★摄影区：探索相机里各角度的向日葵。 ★种植区：向日葵的照顾与养护记录。	★国画区：向日葵国画初体验。 ★写生区：向日葵写生。 ★美工区：线描画欣赏与体验、陶泥初体验、油画欣赏。	★图书区：我和向日葵的故事、向日葵主题的绘本。

第二章 美，让我们更懂得

续表

	经验唤醒	通道建构	多元表达
阶段目标	1.走近向日葵，愿意用各种方式去感知、了解向日葵，如观察、记录、拍摄等。 2.萌生主动照顾向日葵的情感。	在欣赏与体验活动（如歌曲、律动、名画等）中，了解向日葵的多种艺术表现形式。	愿意用自己喜欢的方式大胆表达、表现向日葵的美。

在这样"放手走"的班本主题实践中，老师们逐渐提升独立思考和执行的能力。教科室每周参与班本化实施一次，倾听、了解班本化实施的情况，给予适宜的建议和支持，帮助老师在课程实施的道路上走得更好更。

举一反三，迁移运用。课程操作路径这根拐杖还是老师在课程实施过程中进行教学活动重构的拐杖。因为充分理解、内化了课程操作路径，老师们在单个活动设计的时候也自然而然形成这样的思考方式，依据经验唤醒、通道建构、多元表达进行活动设计的深度思考，提升活动设计的质量，在举一反三的运用过程中一通百通。

2.批注式指导，支持老师的具体操作

批注是文档操作的一个应用功能。批注式指导是指利用批注功能，在相应的主题背景下对老师重构的教学活动设计进行指导。批注式指导的使用目的是促进教师不断思考和成长。

批注式指导引发教师思考。批注修改采用抛问的方法，不给出直接结果，而是基于问题，让老师们自己思考、自己调整，利用问题为老师搭建支架，支持老师们独立思考。只有老师们自己明白怎样修改、为什么要做这样的修改，才能更准确地实施活动，达成目标，并真正提升课程思考力、决策力和实施力。

批注式指导分三步走。第一步，以年级组为单位围绕主题需求进行教学活动设计的集体研修，研讨活动目标、基本环节和实施策略。第二步，老师根据集体研修进行教学活动细化设计。第三步，教科室对老师的教学活动进行批注式的个别化指导。三个步骤是逐步递进的过程，老师们在设计、研修、调整的过程中，精准了解活动，为后期的有效落实开展奠定了基础。

批注式指导围绕三个核心问题：①孩子已有经验是什么？②孩子的发展点在哪

里？③运用怎样的教学策略？

（1）关注孩子的已有经验。只有正确了解孩子的原有经验，才能找到教学活动有效开展的起点。借此，老师在潜移默化中也逐渐形成尊重发展、以孩子为本的课程意识。

活动过程：

一、经验唤醒，通过绘本阅读意识到世界上每个人都是独一无二的。

1.引出话题。

师：世界上有很多很多的人，这些人都长得一样吗？有哪些地方不一样？（教师引导幼儿重点从长相、身高、体重、体形、头发、肤色等方面进行描述性的分析。）

教师总结：世界上有各种各样的人，有的人长得高，有的人长得矮，有的人长得胖，有的人长得瘦……（利用PPT展示绘本画面，带领幼儿观看画面。）

> **chx**
> 话题引出部分用"世界上的人都长得一样吗"这个话题切入是否合适？对于中班的孩子来说，他们的已有经验是什么？他们是否对身边的人，比如同伴、家人等更了解，也更有感受？
> 基于此，你觉得导入部分的话题应该怎么设计？

中班美术活动"独一无二的我"导入问题的设计指导

（2）考虑孩子的发展点。发展点指向教学目标的设计，也指向老师对教学活动本身的把控。对儿童发展点的思考关系到教学活动的目标定位。为此，明确教学活动中孩子的发展点，设计适宜的教学目标，让活动设计符合孩子的最近发展区，是活动设计的重要落脚点。

大班美诉活动：我是一条快乐的鱼

活动目标：

1.通过绘本欣赏，知道海洋世界中有各种各样的鱼。

2.能够大胆地选择自己喜欢的材料和方式创作鱼。

活动准备：

1.绘本《我是一条快乐的鱼》PPT；

2.超轻泥、颜料、水彩笔、彩纸等创作材料。

> **Administrator**
> "我是一条快乐的鱼"从美诉的内涵去思考，可以"诉"的东西是什么？
> ● 快乐——情感这条线是不是可以"诉"的一个切入点？
> ● 鱼——从艺术层面考虑"诉"的内涵，可能会有什么——外形？色彩？材料？

> **Administrator**
> 1.基于此，你的目标定位是否满足了上面两点？
> 2.这个美术活动的核心目标是什么？你的目标定位是否过于宽泛？是不是放到斜体一个美术活动都可以用？

大班美术活动"我是一条快乐的鱼"目标定位指导

（3）教学策略的实用性。教学策略应该支持活动目标的达成，为此，教学策略设计要服务于内容和目标，根据幼儿的年龄特点，具备简单、实用的特点。在批注式指导的过程中，通过提问引发老师关注策略设计的针对性和有效性，同时给教师提供建设性的思考，让教学回归朴素、有效、真实，关注本质。

三、情景表演：做事动脑筋

——今天，老师也把一些能让小朋友帮忙的东西带来了你看，图上的小朋友在干什么？（擦桌子、浇花、扫地）

——现在请你来试试看，做一做，做完了你来告诉我，做这些事情的时候需要注意些什么？

情景一：干枯的小花和喷头较大的喷壶
注意事项：不能浇太多水，小心不要把水洒出来。

情景一：桌面上摆放了水杯、电脑等。
注意事项：要观察桌面上有什么东西。

chx 这是一个语言活动，单单分段欣赏一遍够吗？故事的题目《你还小》，从目标出发，你觉得孩子理解故事里爸爸、妈妈、奶奶说"涛涛你还小"的原因和意思吗？这些是否需要在活动中得到体现？

chx 为什么选择这个情景？干枯的小花和喷头较大的喷壶之间存在什么关系？喷壶太大？工具不适合？

chx 为什么选择这个情景？选择情景的时候是否可以考虑与幼儿生活息息相关的事件，比如每个孩子每天都在做，都有经历的事情，这样是否更能引起幼儿的共鸣？（每个幼儿都在做的事情，不代表每个人都做得好，做得对，正是这种也许有做得不好、不对，但是又是每个孩子都经历过的事情，反而有更多的碰撞）——建议你思考幼儿在园生活中的事情和情景。

中班语言活动"你还小"活动设计中的策略运用指导

批注式指导提升教师的活动设计能力。批注式指导其实是一个教材研读的过程，在持续推进的过程中就像脚手架一样支持教师对教学活动设计的不断完善。教师们通过批注式修改的提问支架，逐渐形成思考的习惯，教学活动设计能力也得到发展，并为有效提升教学活动质量提供了保障。

3.预准备策略，满足教师自我反思的需求

教研是一种具备实践性和研究性的活动，更是教师自主学习和自我发展的主要途径，是幼儿园引领、提升教师自主学习和自我发展的平台[1]。预准备策略关注教师参与性以及自我教研反思能力的发展，从教研主题制定出发，通过寻找主题预先研、围绕预告自主研、再度聚焦集体研三个阶段来开展预准备活动，重构幼儿园教

---

[1] 王萍.幼儿园园本研修方法、步骤与案例[M].北京：中国轻工业出版社，2017.

研方式，有效提升教研质量，促进幼儿园教研品质的发展和教师专业成长。

所谓教研预准备是一个阶段发展的过程，包含两个方面的内涵：一是对于某次具体教研活动而言的预准备活动。即在教研主题确定以后，具体教研活动开展之前的准备阶段。从教研参与提前到教研策划阶段，在策划教研活动时，就让教师卷入式参与，具体操作如下：

第一，预设教研主题，发布预告书。幼儿园基于自身实际情况，预设教研主题。预设的教研主题只是一个方向，而非具体的教研活动内容，教研组织者要根据预设主题设计教研预告书，提前告知大家下一阶段教研的内容。教研预告书主要基于两种来源设计：

自上而下因发现而预设。教研主持人基于自己对孩子、教师的发现而预设教研主题。这种发现是教研主持人通过日常教育教学的观察，发现问题、现象，并经过思考、梳理形成预告书，通过微信群、钉钉群等媒介进行内容发布。

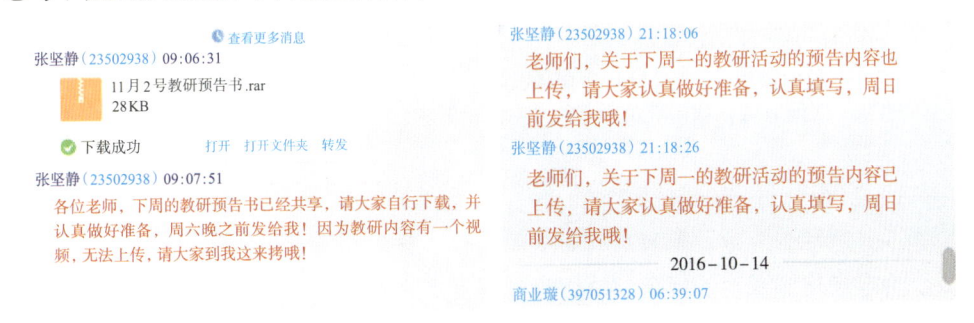

教研预告书发布

自下而上因需求而预设。教科室定期制作和发放教研调查表，教师可以把自己需要的教研内容通过调查表上传给教研主持人。教研主持人根据教师自下而上的需求来预设教研主题。

案例：涂鸦区域游戏计划书

主题涂鸦活动需要利用区域、环境等来支持其有效开展，所以区域环境、主题环境的创设显得尤为重要。教师对主题背景下区域内容的创设表现出诸多困惑，为了帮助和支持教师们解决这个问题，我们从了解教师们的需求出发，让教师们通过预教研表来反映自己的思考，从而针对需求预设教研内容。

> 你制订涂鸦区游戏计划书和实施计划书时的困惑或需求是什么？
>
> 1. 计划书制订时幼儿主体性没有较好发挥：教师依据观察为幼儿制订计划书，是否也可以请孩子自己来制订呢？（计划书一般有三个方案：教师的计划书；教师与孩子一起制订的计划书；孩子的计划书）
> 2. 幼儿对游戏不感兴趣怎么办？
> 3. 如何解决主题下的区域游戏与区域传统游戏之间的关系？
> 4. 涂鸦区游戏连贯性问题：有时候一个作品不是一下子就能完成的，但幼儿的兴趣是会变化的，偶尔看到孩子们完成一半就舍弃的作品，该怎么办？

> 你制订涂鸦区游戏计划书和实施计划书时的困惑或需求是什么？
>
> 困惑：如何进一步丰富涂鸦区的内容。
> 需求：更多的游戏资源。
> 协助者：材料的整理、颜料的添加、幼儿随机需求。

> 你制订涂鸦区游戏计划书和实施计划书时的困惑或需求是什么？
>
> 对于涂鸦游戏的定义不清晰。
> 在实施过程中预想：由于材料、内容的新颖性，会吸引大批幼儿有参与的愿望，但涂鸦区空间有限、时间有限，如何满足所有幼儿参与的需求？

预设教研表示例

第二，梳理预告书，聚焦核心需求。教研主持人在汇总教师需求后，根据主题背景、内容广度和深度、问题解决的迫切程度等进行梳理，将教研内容聚焦到亟待解决的、普遍存在的、矛盾冲突的核心需求上，让这些真实的核心需求为后续教研方案的制订提供依据和参考。

第三，基于核心需求，设计教研方案。了解教师的真实需求后，教研主持人要以满足需求、解决问题、引领发展为目的来制订切实有效的教研活动方案。这个教研方案包括教研目标、教研准备、教研步骤、教研组织形式等内容，为后续具体教研活动的开展做好充分的准备。

案例：支持孩子涂鸦的区域环境创设

在适宜的涂鸦环境创设中，大部分教师对怎样创设支持孩子表达的涂鸦环境感到非常困惑，但是又提不出具体的问题。那么，什么才是教师在涂鸦环境创设过程中最具共性的需求呢？带着这样的思考，教科室设计了涂鸦环境创设的预教研准备表。教师针对表中的问题进行体验、思考、学习以及需求表达。

闻裕顺幼儿园教研活动预告书

一、时间：10月15，中午。
二、内容："涂鸦区环境创设"研讨。
三、目的：了解教师在涂鸦区环境创设过程中对图片运用、工具和材料投放、作品呈现方式等的思考、理解、困惑，从而梳理出教师在涂鸦区环境创设过程中存在的问题。针对问题制订切实有效、符合教师需求的教研活动方案，并通过教研活动提升教师涂鸦区环境创设的能力。
四、教师准备：结合自己班涂鸦区创设的情况进行思考。

支持幼儿表达的涂鸦区创设
涂鸦区图片运用的思考：(图文并茂)
工具的提供与摆放的思考：(图文并茂)
作品呈现的思考：(图文并茂)
1.参考、学习书籍：《把环境还给孩子》 2.自己创设涂鸦区环境过程中的问题或困惑：

教研活动预告书

汇总教师们罗列的问题后，发现大家的核心需求主要在图片、照片的有效性，材料和工具的利用率以及作品的展示方式三方面。于是教科室有针对性地制订了图片运用、材料工具投放、作品呈现三个具体的教研活动方案，并进行现场研讨、跟进和落实。教师们也在研修的过程中，围绕问题交流、碰撞，并把研修的经验和策略运用于本班涂鸦环境的创设。我们就是这样通过研修与实践的紧密连接一步步助推教师成长。

二是对整个教研工作及教师思考研讨、成长过程的预准备。即从教研主持人和教师两个层面发现教师、发现孩子、发现自身而进行自主的学习、链接、思考、梳理等一系列活动，在高品质教研活动的开展中使教师自主教研能力得到提升。

预准备不仅仅是预设教研主题的发布，了解教师的教研需求，它还有一个非常重要的作用，就是在教师缺乏自主教研能力的时候，成为教师自主教研的一个支架和工具。教研主持人根据实际情况设计适宜的教研预告书内容，通过问题回答、学习资料提供、困惑与需求表达等内容来引导教师自主思考，预告书里的步骤和内容就是教师自主教研的支架体现，教师根据预告书的问题设计、步骤来操作，很自然地促进了教师的自主思考和自主学习。

案例：以问题导向为支架的预告书

自主教研是一种能力，在教师还缺乏这种能力的时候，教研主持人急需为教师搭建一个支架，支持教师的自主教研。在我们的教研活动中，教研主持人设计的预教研表格就是一个支持教师"自主研"的有效支架。

表7 预教研表格

	支持孩子表达的涂鸦区创设
玩	体验自己创设的涂鸦区，有什么样的感受？
看	1. 看到了什么？ 2. 想到了什么？ 3. 发现了什么？
思	1. 针对发现的问题，自己做了些什么？用什么方法解决了什么问题？ 2. 自己还存在的困惑和问题：
其他：	

教研最终落脚于"自主研"，其价值主要体现在教师们运用预教研准备，通过体验、观察、学习、链接、思考等发现自己的问题和需求，同时解决自己能够解决的问题，提出自己无法解决的问题、困惑，以发展为导向提升专业能力。

美，让我们更懂得环境

美的环境是适宜的，它能促进儿童的真实成长，让孩子在与环境的相互作用中实现身心全面和谐的发展。在促进儿童发展的努力中，我们对环境的认知也逐渐丰富。环境的核心价值落脚点在于"孩子"，美诉环境的创设从儿童的经验、兴趣、需要、发展等各个维度出发去思考和实施。

自然、自由、自主的美诉课程环境理念已经深入人心。因为它体现尊重孩子天性、遵循孩子发展规律、发挥环境的支持性作用，让教育成为自然的事；同时，也是孩子在园状态的一种体现，孩子在园生活的体验是自在的、自主的、快乐的、生长的……

1. 自然，天性使然

自然，是一种顺应、尊重和推动。创设自然的环境，提供自然的材料，打造自然的生活，孩子的天性在与环境、材料的充分互动中得到满足，在真实的生活中体验和学习。

尊重和强调儿童生命中那些天性使然的部分

好动是孩子的天性，他们永远是精力充沛、不知疲倦的一群人。幼儿园需要有一些地方去满足他们的"永动机"特性，比如：室内曲回环绕、四通八达的格局，契合孩子不走寻常路的特性；多元的户外活动场地满足孩子大运动量的活动需求，翻越、跨跳、奔跑，孩子们玩得不亦乐乎。

好奇是孩子最珍贵的品质。因为好奇，孩子对周围的一切充满了想去探索和发现的兴趣，他们就是带着这份好奇来认识周围的世界。呵护孩子的好奇心，我们从给孩子充满无限可能和想象的环境入手，那些何尝不是他们童年中"看不见的幸福"！

爱也是孩子们的天性，那么爱是什么？对于孩子来说，爱就是"我想和你一起

战壕区

大沙池

足球场

观察小蚂蚁

探索地底下的秘密

收集最早开放的桂花

玩"。他们和自己最爱的小伙伴一起，就会觉得无比满足。闻裕顺幼儿园里的"藏宝格"、绳网读书区、中庭滑梯等，都成了孩子们长时间驻足的地方。他们在这里有说不完的话、做不完的事，吵吵闹闹也没关系，因为很快他们就有办法自己解决。

绳网阅读区　　　秘密基地　　　藏宝格

呈现和体验儿童生活中那些原本该有的部分

给予儿童日常劳作的环境。让孩子的在园生活和劳动融为一体，贯穿始终。倡导把生活、劳动还给孩子，利用环境培养孩子的生活自理能力是幼儿学习的重要组成部分，更服务于孩子未来的生活。

择洗大白菜　　　自己准备活动材料　　　清洁整理区域

创设与四季生活相匹配的环境。四季在孩子日复一日的生活中轮回着，创设把四季渗透于幼儿一日生活的环境，使环境成为孩子眼中最自然的存在。比如：班级里秋天的四季桌，瓜、果、落叶、榛子……用最淳朴的布景方式呈现，让孩子感受秋的丰富、品尝秋的味道。玩秋的"自然物"成为孩子们感受秋天最适宜的方式。

秋天的自然桌、各种蔬果，布景呈现在班级区域中

　　创建和利用自然环境资源。幼儿园的自然环境是重要的课程资源，也是课程实施的重要内容。幼儿通过对周围环境的观察、互动、感受、发现环境的美；同时，自然环境与幼儿的生活高度融合，这种融合会使孩子对自然环境与人类关系有更深层的感受、体悟和发现。

中庭荷花 　　　　　　拓展区桂花树 　　　　　战壕区的芭蕉树

2.自由，舒服自在

　　自由，是每个孩子的权利。他们的所思所想，都被允许和被支持去尝试。在尝试的过程中，他们会有所发现和发展。基于这样的思考，创设开放的空间、投放各种材料，支持孩子们去尝试、探索、思考、发现，对他们来说意义重大。

　　用开放的空间支持儿童自由意识的形成。自由意识是孩子对自我进行感知和判断的内在驱动，是一种积极的思维特质。自由意识是自主的前提和基础。开放的空间环境能给孩子提供自由自在的感受，吸引孩子投入其中。

开放的区域环境创设，满足孩子自由选择游戏的需求

材料的支持保障儿童自由能力的提高。材料是支持儿童探究、体验的重要物质基础。丰富的材料能够满足孩子多元体验的需求，并在体验的过程中调整、发展自己的能力。为此，为孩子创设多元的体验、表达环境，是幼儿园环境创设的重要组成部分。

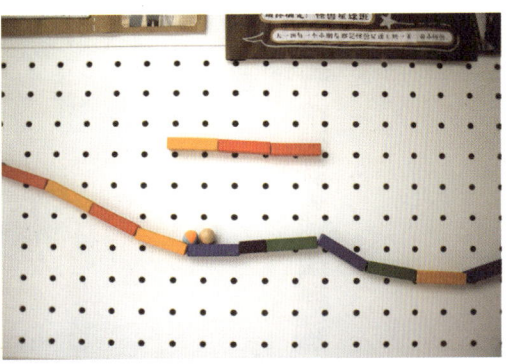

墙面磁性轨道探索材料，满足孩子自由探索的需求

3. 自主、能力支持

自主，是一种能力。教师要基于孩子的需求，创设满足孩子自主选择的环境，利用环境隐形支持孩子自主能力的发展，真正发挥自主对孩子的价值和意义。自主对教师来说也同样重要，教师自主能力的发展对孩子来说是一种潜移默化的影响。

隐含的元素，让孩子看到自我需求。利用环境支持孩子自主的过程是帮助孩子认识自我需求的过程。孩子能够发现、感受到自己的需求，并选择符合自己的环境、活动、时间等，这就是孩子自主能力的体现。

高低不同的洗手台

蹲坑、坐便器，不同的厕所

留白的空间，记录下自主的每一刻。环境中的留白是留给孩子们自主表达的空

"嗨，桂花"主题行进的忠实记录

间和机会。每一处留白都会反映孩子在主题实施过程中自主思考、自主解决问题、自主决策的精彩表现。教师可通过环境支持孩子在主题中进行互动对话，让每个孩子都能获得更好的成长。

"我的美丽心情"实施过程主题中的关键性事件记录

可拓展的空间，支持儿童和教师更多的自主创意。创设可以拓展的空间环境，满足孩子和教师的创意需求，是一件越做越有意思的事情。教师和孩子的自主创意能力也在这个过程中不断被唤醒和激发。

洞洞墙的创意使用方法，各不相同

美，让我们更懂得作品

作品是孩子诗性世界的表达方式，也是他们最为擅长的。孩子的作品连接心灵，每一个痕迹都有其专属意义。由此，"读"懂孩子的作品对于真正走进孩子的世界，努力发现孩子之美、孩子之趣、孩子之需便有着极为重要的意义。

1.孩子的作品中有秘密，你发现了吗

作品是教师发现孩子的有效媒介和通道，懂得孩子作品的内涵和意义是践行尊重、发现、支持孩子理念的深层基础，同时在懂得作品的过程中服务于孩子的发展。那么，孩子的作品中到底有什么秘密呢？孩子的作品中包含着他们的童心、童艺、童趣和童需，他们所有的秘密都藏在其中。

童心指向儿童的一百种表达。每个幼儿表达的内容与自身的关注点有关。有的幼儿直接表达真实内容，有的幼儿表达自己最感兴趣的内容，有的幼儿则借助作品表达自己的情感体验。不论是哪个方面，都具有真实的价值和意义，是幼儿认知、经验、情感等方面的体现。幼儿在作品表达时会用一些象征性的符号、图形，这些符号和图形别人往往很难读懂，为此，聆听儿童自己对作品的语言表达，了解作品的内容是评价儿童作品的基础。

在聆听幼儿表达的过程中要关注三个方面的内容：①画的是什么：是指幼儿作品的创作内容，是儿童自己用语言描述的画面内容。它是帮助成人了解作品的第一步，是评价的起点。②关注什么：聚焦作品的价值点，是指儿童在表达自己作品内容的时候，教师透过幼儿创作内容的表达发现幼儿正在关注的事情。幼儿作品中的关注点，就是核心价值的体现，是评价的重点。③心理感受：指向幼儿的情感体验。这种情感体验有可能是作画当时的情感表达，也有可能指向创作内容里呈现出的情感表达。情感体验在儿童成长的过程中起着不可替代的重要作用。关注儿童的情感体验，是幼儿作品评价时必不可少的。

童艺指向儿童的绘画发展能力。童艺与儿童的年龄特点密切相关。透过作品的"童艺",我们可以分析幼儿发展所处的阶段并给予相应支持。比如:蝌蚪人是小班幼儿绘画表达的年龄特点;地平线、透明画是大班幼儿绘画表达的年龄特点。

童趣是一种儿童视角的体现,即儿童真、善、美的表达。童真是儿童表达其认知下真实的内容;童善是幼儿内心世界的阳光、美好;童美指向儿童特有的表达方式,夸张、变形……品味儿童表达是"读"懂儿童作品童趣的关键要素,让我们感受到儿童作品的诗意和美好。

《我的朋友蹦蹦》

《我的朋友蹦蹦》是中班孩子的作品。这幅作品如果单纯从真实性、艺术性等方面评价,也许会引起诸多质疑,比如:五官不对称、画面缺乏艺术美感等,但是如果我们站在儿童角度去"读"内容,就能发现属于儿童作品表达特有的情趣,魅力无穷。

童需指向儿童作品的内涵,是幼儿内在真实想法、需求和诉求的表达。它有可能是我们在日常生活中不易发现,潜藏于孩子内心的隐性需求,是孩子们借助作品进行不自知的一种表达。因此,看懂作品中的这些"秘密",你离孩子便又更近了一步。

2.你怎么"懂"孩子的作品

想读懂孩子作品的内涵,需要从倾听孩子作品表达开始,真实、客观记录孩子的表达,结合孩子的语言对画面内容进行深度假设。我们根据孩子的语言表达进行自我设问、猜测,分解孩子语言表达的内容,并把语言和画面进行匹配评价,从中发现作品隐藏着孩子的认知、经验和需求,成为"懂"孩子作品,能走入孩子心灵的温暖而专业的老师。

《我的朋友》是中班孩子的作品。有人说："老师，我不会画。"老师说："你可以先观察一下你的朋友后再画。"活动结束了，他还是上交了这样一幅"空白"的作品。我们如何去懂得孩子的这幅空白的作品？如何懂得孩子所说的"我不会画"？

【我们这样读懂孩子的作品】

1. 倾听、记录孩子自己对作品的表达是懂孩子作品、懂孩子的基础。

 *老师：怎么是空白的呢？

 *孩子：我不会画。

《我的朋友》

2. 接纳孩子的作品：接纳是基本态度，先接纳然后针对作品与孩子进行深度"读"。

3. 自我设问，读懂作品，发现孩子：面对孩子的"空白画"，老师针对孩子自我的表达和作品本身，进一步自我设问，解决困惑，发现孩子。

 *自我设问1：为什么是空白的？

 *自我设问2：为什么活动结束了，孩子还是说"我不会"？

 *自我设问3：她真的不会画人吗？平时自主游戏时在美术区，她不是画过人吗？

 *自我设问4："空白画"背后真正的原因是什么？

4. 观察、互动、发现、评价：懂得孩子作品、懂得孩子还要基于观察孩子，发现孩子作品表达的真实内涵。

 *观察：她平时总是一个人玩，从小班开始就这样。平时她一个人在画画的时候会画"人"。

 *互动：拿出"空白画"，再一次进行个别化互动。

 *发现：孩子不是真的不会画，而是她觉得自己"没有朋友"，所以不知道要画谁。

 *懂得：对于这幅作品，从年龄特点、艺术性等维度无须做任何理解，而是需要从画面内涵本身去讲"懂得"。因此，我们懂得孩子用一幅"空白画"这样的方式表达了自己内心的真实现状和需求。这种表达方式充满力量，能够引起充分关注。

【懂得之后，我们这样做】
● 探寻、发现孩子没有朋友的真正原因。开展《没有人喜欢我》的绘本欣赏活动。绘本中狗狗巴蒂在交朋友过程中的所思、所想与孩子自己在日常生活中交朋友的体验产生强烈的情感共鸣：想交朋友，又怕其他人不喜欢自己，不知道怎么去交朋友，这是导致孩子没有朋友的真正原因。

● 利用游戏视频，倾诉内心真实体验。老师拍摄孩子日常独自游戏的视频，在得到孩子同意的前提下，和全班孩子一起观看视频，让孩子表达独自一人游戏的心情与体验。

● 发挥同伴互助作用，学习与朋友交往的方法。通过视频观看和孩子情感的表达，发动全班孩子为她"支招"，把自己与朋友交往的方法告诉她。同时，很多孩子表达自己主动去找她一起玩的意愿，表达自己喜欢她的想法……在这个过程中，孩子逐步建立自信心和对他人的认同感。

● 个体关注，观察、记录朋友。开展"发现朋友"的活动，让孩子利用视频、照片、涂鸦等方式观察自己的朋友，为孩子提供发现朋友的机会，促进朋友之间的了解。慢慢地，孩子从没有朋友到有朋友，从被动交往（其他孩子主动找她一起玩）到自己主动交往，孩子一直在变化着。正是因为老师懂得了孩子作品的内涵，懂得了孩子的需求，给予孩子需要的支持，孩子的变化和发展才成为可能。这也是懂得孩子作品最大的价值和意义。

3.懂得作品后老师们发生怎样的变化

懂得孩子的作品之后，老师对孩子、对孩子的作品有了更多的敬畏之心。因为有了敬畏之心，老师们对待孩子更加谨慎，对自我的要求也更高了。老师与孩子之间的关系就变得自然、平等，它体现出尊重、欣赏、理解、包容以及情感之间的链接，有温度的师幼关系就是在这样的过程中自然而然地形成了。

脚下带风、脸上带笑，心中有爱、眼里有光，这是我们所期待的美好的儿童样子，也是闻幼老师期待的最美的老师样子。大家都朝着这个"最美"的方向不断努力，不断改变。在日常的生活中，我们经常会发现老师们低头弯腰轻轻帮助孩子擦鼻涕；会蹲下来用相机记录孩子的每一个珍贵瞬间；会用赞赏、鼓励的眼神与孩子互动；会在一旁静静观察；会耐心听完孩子的话……

大家是否想看一看老师们对美好样子是怎样期待的呢？

新来的张老师说："'脚下带风'是三步并作两步，急匆匆跨过台阶来到班级。"

淡定的袁老师说："'脸上带笑'就是'原来你的画是这个意思啊，太厉害了！'"

慢慢的王老师说："'心中有爱'就是一天下来，袋子里全是用过的餐巾纸。"

高高的郑老师说："'眼里有光'就是看到孩子把一个毛绒球当作蜗牛的壳。"

……

听完老师们的描述，一个个生动、美好的老师形象从脑子里跃然而出。其实，在懂得孩子作品的过程中，不仅老师们变了，孩子也变得非常珍视自己的作品。不论是在周五特色班的手工活动、涂鸦活动，还是日常集体教学活动、区域活动中，经常听见孩子们问："老师，我能把我的作品拿回家吗？"看似简单的一句话，背后说明我们的孩子都喜欢自己的作品，都把自己的作品当作"宝贝"。

美，让我们更懂得。这份懂得是对教育的初心，是对孩子的理解，更是对孩子的支持。这份懂得的分量有多重，就意味着责任有多大。孩子、老师、幼儿园就是一个整体，彼此互融并进。因为懂得，所以珍贵。我们在专业的路上越来越懂得彼此，越来越信赖彼此，一起努力成就彼此。

第三章　美，是童年闪亮的星

童年，是那颗闪亮的星，照耀着生命之路。

童年的"美"，是什么呢？

我们想，

大约就是美诉课程下的"儿童样子"吧！

那些"脚下带风、脸上带笑，

心中有爱、眼里有光"的美好样子。

我们一直憧憬的"儿童样子",是孩子们原本的样子,活泼好动,对一切充满好奇,恨不得把所有新奇的东西玩个遍;也是我们期待儿童长成的样子,会思考、能发现、勇坚持、善创造,把每一天都过成自己的美好日子。

"儿童样子"深深地刻在了每个老师的心里,我们从外显和内在两个维度去理解和诠释。"脚下带风、脸上带笑"侧重于表述儿童外部的样子,浑身散发着生生不息的活力,用纯真的笑面对自然、人和社会的一切。"心中有爱、眼里有光"则侧重于表达儿童丰富的内心,他们用善意看待世界,对一切充满希望,不管处于怎样的境地都会安然接受并努力向着更美好的目标出发。

美诉课程下的"儿童样子",既表达了教师对儿童原本样子的充分尊重,也体现了教师在课程实践中对儿童发展的专业支持。本章我们将通过一个个小故事,一一解读我们对美诉课程下"儿童样子"的理解和把握,展示教师在此过程中的专业努力。

🌙 脚下带风、脸上带笑

如果用几个关键词来形容孩子的天性，那么"好动、好奇、好问、自控力弱"等词可能会高频出现。我们努力去发现和呵护孩子天性中那些有益于发展的部分，引导和调整那些不利的因素，支持孩子们自觉、自省地成长。

看到"脚下带风、脸上带笑"，仿佛感觉到一个个活力洋溢、满脸笑容的孩子正快速地向我们奔来。此外，这句话还潜藏着老师对孩子们更多的期待。我们选取体格发展、情绪培养、自我认知和坚持性四块内容，分别对应儿童角度——"我是一个蹦蹦跳跳的小孩""我是一个开心果小孩""我喜欢""我可以"等，编录16个小故事，分享我们的课程指导小技巧。

"脚下带风、脸上带笑"之"我是一个蹦蹦跳跳的小孩"

让孩子拥有健康的体格是学前教育的基础任务，表现在使孩子具有良好的体形、体态和习惯，身体各部位发育正常，有良好的协调性和运动能力，有正确的生活和卫生习惯，有自我保护意识和能力。美诉课程中对孩子体格的培养融合在与自然环境的相互作用中，是通过孩子对大自然的好奇心自然而然地驱动他们去运动，正如幼儿园门厅墙上《我们的日常十件事》宣言中所描述的那般：只要天气允许，都可以到户外去玩。

【故事1】最好天天去植物园

编者说 满足孩子对大自然的兴趣需求，创造条件支持和鼓励孩子走进自然、融入自然、探索自然。

通过主题"夏音"的开展，孩子们认识了昆虫是什么，哪些昆虫会唱歌，还知道了夏天的夜晚是昆虫们"开音乐会"的时候。昆虫音乐会多美啊！孩子们说："老师，我们好想去听一听昆虫音乐会。"这个"信号"有意思——

老师：你们觉得去什么样的地方听昆虫音乐会最好？

乐乐：有很多昆虫的地方。

老师：我们附近哪里有很多昆虫呢？

火火：植物园。老师，以前我爸爸晚上带我去过植物园，那里有很多的蟋蟀在唱歌，可好玩了。

火火的话让小朋友们去听昆虫音乐会的期待更强烈了。就这样，我们把听昆虫音乐会的地点选在了植物园。

夜幕降临、华灯初上时，我们带着对昆虫的喜爱和对昆虫音乐会的期盼出发了。幼儿园离植物园步行有20分钟的路程，孩子们一路兴奋不已，叽叽喳喳说着各自的话题，不知不觉中就穿过了居民区、竹林和马路，来到了植物园。"我好想马上就进去看看晚上的植物园是什么样的。""马上要到植物园去找昆虫了，我好开心啊。"孩子们欢欣雀跃。

走进这个大自然的宝库，孩子们发现夜晚和白天大不一样，抬眼望去很多地方黑咕隆咚的，他们紧紧地拉住了爸爸妈妈的手。不过很快，他们适应了黑暗，用手电筒来照明，开始了黑夜中的探索……由于活动前孩子们已经一起分享了夜晚找昆虫、观察昆虫的"秘诀"和工具，比如将一块白色的布悬挂在树上，将手电筒的灯光打在白布上吸引许多趋光的昆虫，等昆虫来了可以用放大镜仔细观察，所以，他们一个个迫不及待地"钻"入植物园的草地、树丛，熟练地摆开阵势，开始寻找昆虫，采集昆虫的声音。

"老师，我听到'啯啯啯'的声音了！"艾文兴奋地跑到老师身边，拉起老师的手，往自己发现蝈蝈的地方走。

"哇！哇！哇！你们快来看，这里有蟋蟀！它在唱歌。"笑笑看到一只蟋蟀，兴奋得跳了起来。

甜甜和妈妈蹲在树边静静地用手机录蛐蛐的"歌声"，沫沫和爸爸在细心地观察树上的昆虫，阿哥和爸爸闭着眼睛仔细地倾听昆虫的歌声，萌萌如数家珍般和旁边的小朋友讲述着自己的"发现"……

观察夜晚的昆虫

寻找夜晚的昆虫

一个多小时的时间,孩子们都在积极、专注地找昆虫,听昆虫唱歌的声音,用自己的方式记录下昆虫和昆虫音乐会,还不忘随时分享自己的发现和感受。

聪聪:晚上植物园怎么有那么多昆虫,他们都没有睡觉!

琛琛:很多昆虫喜欢躲在草丛里,也有的喜欢待在树上。

丁丁:我听到很多昆虫在唱歌。唧——唧,唧——唧。

笑笑:我听到"吱啦,吱啦"的声音。

小白：我还听到"嘶咋——嘶咋"的声音。

阿哥：我和爸爸还听到"齐——齐——齐"。

……

琪琪说："我觉得太有趣了。"

萌萌说："我也觉得，我明天还想来，后天也想来。"

蓉蓉说："我希望每天都来植物园。"

其他孩子也不约而同地说道："我也是！""最好天天都来植物园！"

老师的话 主题中孩子们萌生了"听昆虫音乐会"的兴趣，真的是一个绝对不能放过的探索自然的契机。因为孩子非常缺乏在夜晚进行自然观察的经验，所以做一些铺垫和充分的行前准备非常必要。孩子们查询资料后，在讨论中分享了夜晚"找昆虫""观察昆虫"的秘诀，明确了要用的工具，老师鼓励孩子们设计更多的方法去观察和发现。这既给予了孩子观察方法和工具的支持，也对他们给出了"肯定、支持"的心理暗示，让他们能够更有目的、方法，也更自主、更有效地参与活动。在夜幕笼罩下的植物园自由寻找和倾听，想必对孩子来说是一件新奇的、让人兴奋的事情。因为事先有了充分的准备，所以更能有效探究，也让孩子们收获满满，带着这些自己的发现，与朋友分享，在各种表达、质疑和总结分析中，对昆虫的了解和喜爱更深入了一步。

值得一提的是，夜晚从幼儿园步行至植物园，再加上在植物园内活动时孩子们一直在行走，运动量是比较大的，但是他们一个个脚下带风地走着，没有一个孩子表现出负面情绪和退缩行为。植物园的草地、树林以及途经竹林的路有些狭窄、不平，夜色更是加大了行走的难度，但是鲜有孩子摔跤。一路走来欢声笑语不断，告诉了我们他们的快乐。

【故事2】忙着收集桂花的孩子们

编者说 每一次探索都是新的尝试，孩子们永远那么精力充沛，不知疲倦。老师和家长此时的微笑和等待就是最好的支持。

国庆前,一次吃点心时,有孩子说在安吉旅行时见到了香香的桂花,妈妈告诉她:桂花是杭州的市花!这消息一传开,孩子们纷纷想在幼儿园找找哪里有桂花。他们来到自己班院子的桂花树下,围着树干转着圈圈抬头寻找。老师质疑:"它没有开花,你们怎么知道这是桂花树?"

"杭州路边都有穿着咖啡色衣服的桂花树!"

"树枝和身体都是干干的,总像没有喝水的人!"

顺着这几个孩子说的,大家从上至下打量着这棵树,找了一圈又一圈就是没有找到一丁点儿桂花的影子,于是提出要去幼儿园其他地方继续寻找。

这一天他们满园子奔跑寻找,最后确定了桂花树的位置和数量:战壕2棵、足球场1棵、鱼池2棵、大型玩具1棵、拓展区2棵……可还是没有找到桂花。心有不甘的孩子们继续寻找。终于有一天猛然有人一声大叫,是仔仔!他说:"这里有,这里有!"一簇一簇黄绿色的小团团,隐藏在高高的地方,还只是一些小花苞呢。小海豚做着"嘘"的动作说:"花花还小,别吹下它们了!"

之后,他们每天都盼着桂花快快开放。早上晨检后喜欢先带着家长和路边的桂花树打个招呼。晨间活动时,偶尔看到桂花落下来,赶紧如获珍宝一般捡起来,放到教室里去。还有的人在桂花树下不停地跳,好像跳一跳就可以收到桂花一两朵,他们觉得很有趣!桂花一批批开放了,这下孩子们更忙了。自主游戏时间总能看见孩子们穿梭于教室和户外,风风火火、忙忙碌碌。有的孩子把小手举过头顶,等着桂花掉落;有的把自己的收桂盒放在树下,过一会儿再去收;有的把自己的雨伞、小帽子挂在树上,让桂花自己落入"囊"中;还有的蹲守在树下看书等待……天天如此,乐此不疲。孩子们还有每天必有的"共享一刻",分享自己收集桂花时的小发现,有时是一种有趣的收集方法,有时是对桂花的新发现,有时是和桂花之间的好玩的故事……

老师的话 收集桂花是那段时间班里的一件"大事",每个孩子都喜欢香香的"市花",也都想把园内的桂花收集起来,所以大家特别上心。在那近一个月的忙碌中,因为有着简单而明确的集体目标——收集桂花,所以整个活动被孩子们很自然地切分成了几个阶段:先是确认和统计幼儿园里到底有多少棵桂花树,然后在每一棵桂花树上仔细寻找桂花，因为桂花还只是些花苞，于是只能耐心等待，最后桂花开放的时候，孩子们尝试用各种各样的方式收集桂花，达成集体目标。事件的发展随着桂花的变化而变化，擅长观察的孩子们将这一本事用得淋漓尽致，还有人因为找到了一朵三个花瓣的桂花而成为那天大家心中"最厉害"的人。整个过程中，老师始终以微笑表达自己肯定的态度，给孩子们充分自由的思考空间，支持他们系统有效地利用好自主游戏时间，努力达成大家都想完成的这项工作。如果一定要谈及老师的指导，那么可能就是"共享一刻"的交流引导，让孩子彼此的经验和发现能够在集体中沉浸和扩大，引发共鸣，获得内化和提升。

置身于故事中，老师的情绪也一直被孩子们感染，二十多个人的目标那么一致，在树丛中寻找桂花的神情那么专注，"一百种"收集桂花的方式那么奇特，更有那似乎永远不知疲倦往返于室内外的"运输工作"，一切都显得那么生机勃勃。老师和孩子们一起构建了一个自由愉快的生态系统。在这样的生态系统中学习，每一次探索都是全新的尝试，每一个人都有使不完的劲儿！

秋天，杭城的空气是甜的，弥漫着桂花香；孩子的小手是黄色的，一朵朵桂花藏在手心里。

【故事3】我能绕幼儿园跑三圈

编者说 孩子对户外活动的喜爱，源于爱玩好动的天性。正是这份天性，让他们学会了坚持。呵护天性、陪伴成长。

冬日的早晨，孩子们到幼儿园后，我提议："今天，我们一起到外面跑步吧。"孩子们欢呼雀跃："老师，我们去哪里跑呀？门口太小了呢。"铁蛋说："老师，我们能在整个幼儿园里跑步吗？""嗯，这个主意不错，顺便还可以看一下我们的幼儿园到底有多大。"孩子们一听这个想法，更加激动了。铁蛋、小马哥、骁骁等几个孩子带头从大二班的小院子出发，经过中一班的拓展区来到大操场，绕过大型玩具，越过沙池边的小山坡，然后从斜坡下到大门口绕回来，经过紫藤长廊、厨房、足球场、战壕，最后回到大二班的小院子，围着幼儿园跑了大大的一圈。

老师：大家累吗？需要继续吗？

铁蛋：老师，我不累，我还想再跑。

小马哥：一点也不累，我还能再跑。

……

孩子们七嘴八舌地抢着说："不累，我们还想再跑一圈。"就这样，所有孩子又绕着幼儿园外围跑了一大圈，回到大二班的小院子。这一回，孩子们一个个都有些气喘吁吁的。（老师跟着孩子们跑，也感觉有点气喘了。）

老师：大家都累了吧？今天我们的晨间热身活动就结束了，请大家甩甩手、敲敲腿，放松并休息一下。

铁蛋：老师，我不累，我还能跑第三圈。

老师：是吗？还有谁想跟铁蛋一样，挑战第三圈？

本以为其他孩子都放弃了，但是还是有几个小朋友坚持挑战了第三圈。在跑第三圈的时候，铁蛋和小马哥等几个孩子的速度明显慢了下来，甚至是走一段、跑一段，喘着粗气。几个孩子之间也拉开了距离，速度有快有慢。有的孩子虽然嘴巴里说着"老师，我累了"，但是没有人放弃，每一个孩子都坚持到了终点。

原先以为孩子们连两圈都坚持不了，但是所有的孩子都坚持跑完了两圈，还有那么多孩子挑战了第三圈。

老师的话 每次只要老师说"我们到外面玩"，孩子们总是表现得异常兴奋。分组选课的时候，孩子们喜欢先选户外的。吃完点心，孩子们也喜欢到外面玩。喜欢到户外玩是孩子的天性。户外运动需要调动身体所有的感知觉共同参与，运动过程中获得的对周边环境的认知、与周围人的交往等感受和经验，让他们感到十分自由、舒畅和愉快。

在这次短时间的户外运动中，孩子们表现出了非常强的坚持性。第一圈时，孩子们都能比较轻松地完成，到第二圈时已经需要借助一定的意志力了，到第三圈的时候，很多孩子已经明显体力不支，但他们选择继续往前跑。虽然不能连续跑下来，但是就算跑一段、走一段，气喘吁吁了、咳嗽了，也还是要继续，最后坚持跑到终点。整个过程中，老师始终是持欣赏和鼓励的态度，运用陪伴的方式与孩子一起进行户外运动，这让我们看到了孩子身上潜藏着的、需要我们去用心呵护的珍贵品质。大自然是上天赐给人类的宝贵财富，把大自然还给孩子是老师的责任，我们要提供给孩子充足的户外活动时间，创设多元的户外空间和材料，在运动中关注孩子们的品质发展，使他们在亲近自然、热爱运动中成为一个"脚下带风"的健康小孩。

【故事4】我再试一次

编者说 欣赏孩子每一次的尝试和努力，给予积极、有效的鼓励，引导孩子坚持去完成一件事。

金秋十月，幼儿园里的桂花竞相开放，花香四溢。孩子们对芬芳的桂花产生了浓厚的兴趣，由此我们的"桂"主题产生了。在进行"桂花宴"的时候，坤宝说："如果能够把桂花当宝贝一样藏起来就好了！"其他孩子也纷纷表示了同样的想法。孩子们开始"藏桂"。

在交流、谈论、解决好藏桂"藏什么、怎么藏"的问题后，孩子们根据自己的想法进行了第一次尝试。

琪琪的方法是把桂花放在密封罐里，用水泡。她把自己捡来的桂花放到盛满水的、密闭的罐子里。几天后，孩子们把自己的桂花宝贝拿出来，看看是否成功地留住香味和颜色。当琪琪把自己的罐子打开的时候，发现罐子里的桂花不仅颜色变得很暗，而且有点臭味。

第一次尝试没有成功，孩子们有些气馁，他们进行了交流，探讨失败的原因。

阿哥说："用水泡桂花的话桂花会烂掉。"

六六说："盖子盖牢也会闷坏的。"

乐乐说："用袋子装也会发臭。"

……

看到孩子们失望的眼神，老师将从家里带来的桂花香皂、桂花精油、桂花香水、桂花食品等拿了出来，引导孩子们一起了解这些桂花制品不同的留香、留色、留味的方法。这时孩子们仿佛又看到了希望，他们打算再一次寻找更合适的藏桂方法。琪琪说："老师，我还想再试一次。"其他孩子也纷纷赞同。

这一次琪琪提出藏桂的方法是做一条桂花项链：用鱼线把桂花一朵朵穿起来，将桂花的香味、颜色、形状都保留下来。老师根据琪琪的需求为她准备了鱼线。材料准备就绪后，琪琪开始制作桂花项链。"老师，桂花太小了，不好穿。""老师，桂花破了。""老师，你来帮我穿一下。"没一会儿，琪琪就遇到了诸多困难，连续向老师求助。老师顺势引导，鼓励琪琪："为什么又失败了？除了用鱼线穿还有更好的办法吗？"

琪琪：可以贴在长长的纸上。

老师：教室里有什么比较适合的材料？

琪琪：有很多漂亮的宝石和珠珠。那我把桂花贴在珠珠上。

琪琪调整了制作方法，并绘制计划书，开始动手制作。很快，又一个问题出现了：要把桂花贴在圆圆的珠子上面是一件难事。"老师，贴不好。""老师，请你帮忙贴一下双面胶。"琪琪又发起求助，老师将双面胶粘贴的技巧跟琪琪做了分享。尝试了几次后，琪琪说："我自己会了。"说完专心致志地开始工作。过了好长时间，她的作品制作完成了。这条香香的项链被琪琪小心翼翼地"藏"了起来。

老师的话 孩子们在活动中萌发了把桂花当宝贝藏起来的意愿，但是真正要做好这件事情并不容易。在孩子们屡次失败后，教师支持就显得非常重要。当孩子们竭尽全力，最后自己认为很好地达成了自己的"目标"时，那种兴奋、成功的体验价值远超作品本身。

在藏桂的实际操作过程中，老师给予了孩子们"试错"的机会。第一次交流和讨论时，老师没有直接告诉孩子们"用水泡""放在密闭的盒子里"的方法是不适当的，在操作过程中，孩子们自然而然地发现并积累了经验。之后老师通过谈话帮助孩子们梳理了失败的原因，并通过欣赏、感知了解常见的藏桂方式，拓宽他们的思路，为下一次藏桂搭建"桥梁"。

第二次藏桂时首先肯定了琪琪的想法，鼓励她努力实施自己的计划，并在她多次遇到困难的时候运用谈话引导、方法分享等策略支持她继续"做项链"，增强了琪琪的信心。最后，琪琪终于在"历经困难"后做好了她想做的项链，这串项链到底好不好看、有没有用，桂花会不会被弄坏已经不是最重要的了，我们看到了一个认真坚持自己目标的小孩，那专注的神情是充满光亮的。

"脚下带风、脸上带笑"之"我是一个开心果小孩"

爱哭爱笑是孩子的天性。俗话说：六月的天，小孩儿的脸。形容的正是孩子情绪的多变。呵护天性固然重要，但引导孩子们发现自己爱发脾气、敏感脆弱等情绪问题同样有意义。美诉课程呵护孩子的快乐天性，重视发现和支持孩子们的一切"跃跃欲试"，关注和引导孩子建立良好的情绪。我们坚信这将会让孩子终身受益。

【故事5】我的"登格利"

编者说 我们看到孩子的快乐，体会孩子笑容中展现出的期待，感受孩子眼神中流露出的爱。只要关注孩子的每一次发现，我们便可以保护他们那份完美的幸福状态。

小班家访时，快乐的小迭戈不仅在老师身边兴奋地打转，更是把自己的好朋友玩具"登格利"介绍给了老师。

顺利习惯幼儿园生活后，一日，小迭戈与伙伴们一起来到公园里捡拾秋日小物，他冲在队伍的最前面，左看右看。只听他大叫一声："叶子，叶子！"他眼睛盯着远处的一点，"噔噔噔"地向某个方向跑去。那是一株吸引了很多小朋友的树，树上的叶子黄黄绿绿又红红。只见小迭戈推开人群，站在最高的石头上，靠近了他想要的那片叶子。那是一片黄绿色的叶子。"不要不要！"眼看着有人想去触碰那片叶子，小迭戈着急地叫起来。

后来，那片黄绿色的叶子跟许多小叶子和小果子一起，被他放在筐筐里，双手捧回了教室。

那个上午，洗手、吃点心、到户外跟小朋友一起进行游戏……小迭戈的活动如往常一样进行着。本以为，将秋日小物带回教室放好就是最好的"结局"了。

午睡后，当其他小朋友还在与自己的衣服"抗争"时，老师一转眼，发现小迭戈不见了！只听"噔噔噔"，他已跑到教室外。老师走到教室外，只见他在树叶堆中翻找着什么。"登格利！"他大叫了一声，轻轻拿出了一片黄绿色的叶子。"登格利，起床了！"他把嘴巴凑近叶子说道。

那天下午他到哪儿都带着这片叶子，不时跟它说说话，不时亲亲它：他想玩颜料，登格利被轻轻地安放在一旁；他要去清洗自己沾满颜料的手，也不忘记轻轻拿起登格利的小杆子一块儿去；甚至在玩纽扣的时候，明明一手拿着叶子，一手去操作纽扣非常不方便，他却不放下，甚至在完成后，将登格利轻拍在了纽扣玩具上，说道："完成啦！登格利！"……

就这样，一整个下午，小迭戈的手边总有那片树叶。

回家时间到了，只见他一手拿着登格利，一手有些困难地打开书包说道："回家，要给我的妈妈看看登格利。"

| 涂鸦后洗洗登格利 | 在登格利的"陪伴下"只能单手玩纽扣 | 与登格利一起回家 |

老师的话 "观察"与"发现"，一直是美诉课程中老师特别需要掌握并精通的技能。

孩子的表达是真实、直接的，不管是否需要老师的介入，"观察"一定在前，老师的"观察"是一切师幼行为的基础。在小迭戈一整天的行动中，老师并没有过多地与他互动，更多的是远远地看着他，关注到他手边总有那片树叶，理解他当下的欢乐与满足。在后面的几天，老师发现：小迭戈每天都有一个"登格利"，它今天可能是个红果子，明天呢又是根玉米。每一个孩子，都是"开心果"小孩，他们是怎样开心的？他们不仅仅用会心一笑去表现喜爱，更有关切的眼神、轻柔的动作……这一切，老师看在眼里，并对后期理解孩子活动产生了重要的作用。

通过"观察"，老师收集孩子的表达，而通过"发现"，老师能在后续的师幼互动中给孩子提供更好的支持。在观察和体会孩子的快乐之后，老师感受到秋日带给小迭戈的，是如家里最挚爱的玩具一般重要的每日伙伴以及在自由世界中肆意发现和表达后收获的感受与欣喜。孩子会因为什么开心？他们不仅仅会因为自己喜爱的事物而开心，更有因自由、因在真实表达自我后获得满足而开心，那是一种被老师、被环境悦纳的心态，是一种舒适的状态。因此在之后的活动中，老师不仅关注孩子的情绪与兴趣点，更着重给孩子们创造自由的感受、探究的环境，如：增加孩子在户外探究的机会、在室内给孩子们不受限的创作空间。孩子们的情绪得到了充分的抒发。

"秋天的魔法"这一主题结束后，孩子们获得的并不只是对"秋"的感受，更获得了发现身边平常事、平常物中特别之处的惊喜。因为他们被环境、被老师温柔悦纳，所以，他们便想以更美的心情去感受平常小事中的幸福。"快乐"成了他们的常态。

【故事6】"万一可以成真呢"

编者说 孩子是天真烂漫的，他们的世界美妙而有趣。他们总会有很多精彩的期待，而这些期待让他们更快乐。乐看乐学乐分享，敢想敢说敢创造，孩子们散发出不一样的气质。

"我有一个幼儿园……"主题后期，大班的孩子们每人设计了一个自己心目中的幼儿园，有云朵幼儿园、海盗船幼儿园、猫咪幼儿园、过山车幼儿园、滑滑梯幼儿园、水公园幼儿园等，各有想法，各有创意。

老师：孩子们，现在你们就是真正的幼儿园设计师了，等你们把幼儿园设计图完善以后，我们拿去给园长妈妈看，说不定下一次改造的时候就会采用大家的设计啦！

幼儿：真的吗？真的吗？

幼儿：如果我们设计得好，别人都喜欢，那一定是可以的！（还不等老师回答，已经有小朋友激动地代答了。）

老师：那么接下来，你们可以怎样把幼儿园设计得更好、更完整呢？

幼儿：我们分组一起设计吧？有的设计外面，有的设计里面，有的设计不同的教室……（有孩子提议，其他孩子几乎集体附议。）

带着让人心动的期待，孩子们根据自己的设想快速分成了三大组：水循环幼儿园、游乐场幼儿园和奇形怪状幼儿园。各组开始分头忙碌。

水循环幼儿园组先坐下来汇总大家的想法，然后商量着画出了总设计图，讨论并敲定之后一人领一项任务去进行细化设计。呈呈设计雨水收集器，诗诗设计各种水滑梯，小添设计导流水管，阿米设计游泳池和淋浴房，妞妞设计的是各种不同功能的水教室。这一次承担大任的恺恺（因为水循环幼儿园的设计灵感就来自他的大胆设想），则设计了水工厂的具体格局与相关功能的连接。每个人的分工设计完成之后，小设计师们一一介绍并相互提建议，再修改，直到每个组员都认同后才汇总成册。

就这样，水循环幼儿园组完成了设计稿，他们小心翼翼地把手稿交给老师，并询问：园长妈妈会喜欢我们的设计吗？下一次装修幼儿园的时候会不会用我们的设计呀？

老师：也许真的就用了呢！要相信你们自己的设计哟！

孩子们听后安心且满心欢喜地继续去做其他喜欢的事了……

附：水循环幼儿园的设计思路简介

这是一个跟水有关的幼儿园，用两个雨水收集器收集雨水到一个大大的蓄水池。这个蓄水池分上、下两层，上面的水流进水工厂去做净化处理，然后流到每一个教室里，用于烧饭、喝水、洗东西；下面的水经过过滤变干净了，流到游泳池和水滑梯，小朋友直接就能玩。这个幼儿园的教室里也有很多跟水有关的设计，有水实验室、水超市等。所有的水都是可以循环利用的，不浪费！

老师的话 美诉课程的每一个主题都被孩子们深深喜欢着，他们积极参与、自主创造，脸上总是洋溢着发自内心的微笑，因为他们正做着自己喜欢的事！"万一成真了呢？"带着这样的美好期待，孩子们更用心、更主动地发挥着各自的无限创意，积极、投入地参与到每一个活动当中。这正是我们想通过园本化主题的实施传达给孩子的生活态度——自信、快乐！每一次发现、每一次探索和每一次创造过程中那种自我认可的开心，是任何语言都替代不了的，这笑容美极了！

幼儿园设计册完善过程中，每一组的孩子都是那么快乐，不管是讨论环节还是独自创意阶段，那种全情投入且满心欢喜的状态最珍贵。虽然每一组设计看似天马行空、不切实际，但细细品味后就会发现都是那么真实，设计灵感都来源于他们自己喜爱的生活经验，从自己的喜好出发进行的设计总是会带着他们内心最美好的期待。这些神奇又真实的设计，老师看了都心动，不得不佩服孩子们的大胆创意。

亲爱的孩子们，愿你们能一直心怀美好努力前行，而我们，会认真倾听你们的每一个想法，细细欣赏你们的每一个创意，在你们身边陪你们成长。

【故事7】豪哥生气了

编者说 对一个正在生气的孩子说"别生气了"，可能是最无用的一句话。当我们接受他当下的情绪，共情他的感受之后，再借由孩子的方式去引导，也许你会发现这是一个"奇着"。

大三班的孩子人人都拥有一只"小怪兽"！对，你没看错，小怪兽！

说起这"小怪兽"，可有一段故事。它发生在大班上学期开展的美诉主题"我的美丽心情"中。

"小怪兽"出现之前，小朋友们每天和老师一起学本领、做游戏，偶尔会发生点争端，但大都过着平静而愉快的小日子。

有一天早晨，在体育锻炼的豪哥非常生气地跑进教室。

豪哥：哼，我气死了！

老师：嗯？怎么了，豪哥？

豪哥：我跑步跑得慢，有人取笑我！我再也不想玩这些烂游戏！

生气的豪哥

豪哥生气了。

看着豪哥既生气又伤心的样子，老师不禁想到平时几乎每天都能见到他动不动就生气哭闹的样子。老师多希望能看到豪哥不要那么"玻璃心"啊。老师内心寻思着怎样拿今天这事"做做文章"，最好能出个"奇着"，一着智取，长期受用。

机会来了。豪哥生气这天上午的教学活动是关于绘本《我的情绪小怪兽》的。孩子们被绘本里情绪小怪兽可爱调皮的模样吸引。这小怪兽不但不吓人，还那么惹人爱，还会变颜色，和以前故事里的怪兽都不一样。在讲故事的时候，老师灵光乍现，豪哥？小怪兽？对，就是它了！于是，吃点心的时候，老师故意走到豪哥旁边，感慨起来。

我们设计的小怪兽形象

　　老师：豪哥，早晨你生气时真像小怪兽变成红色的样子啊！

　　豪哥：嗯，我早晨生气的时候就像火山一样要爆发了，不过现在我已经变成绿色的了，很平静。

　　老师：豪哥，你最喜欢小怪兽变成哪种颜色？

　　豪哥：嗯——红色！

　　老师：啊？为什么？

　　豪哥：因为我觉得它就是我生气的样子。

　　老师：哈哈，你怎么和我的感觉一模一样呀！

　　看老师和豪哥聊得这么欢乐，坐在一旁吃水果的齐齐插话了。

　　齐齐：老师，我好想有一个故事里的小怪兽啊！

　　老师：哎，那要不我们吃好点心后就去设计一个自己的情绪小怪兽？

我们都是有故事的小怪兽　　　　今天我很开心，给小怪兽变个颜色

豪哥：真是好主意！

齐齐：好的，我吃好就去！

就这样，我们第一次设计出了自己独一无二的"小怪兽"。

自从有了这个"小怪兽"，大家隔三岔五就给它变个色。有时是红色，有时是绿色，有时是蓝色，有时是彩色。每个变色背后，可都藏着一个心情故事……

老师的话　大班幼儿情绪易于外露，他们的喜怒哀乐都写在脸上，随时可能变脸，而自我意识又处于迅速发展时期，对待事物开始逐步有自己的看法。当他们的自我认知与现实发生冲突时，常会引发生气、伤心等情绪。引导幼儿在认识身体变化的同时了解内在情绪情感状态，亦是"成长"教育的重要环节之一，因此我们在学期初预设了第一个美诉主题"我的美丽心情"。其目标之一即"能感知自己的各种情绪，并了解各种情绪的存在，知道引起某种情绪的原因"。对于幼儿来说，"情绪"是相对抽象的概念。在教学的过程中，老师预设绘本、歌曲、绘画等方式，激活幼儿对情绪的回忆，帮助幼儿建构新的认知。而"小怪兽"的出现让我们发现了另一种可能，即幼儿情绪认知的具象化策略，这使得孩子们对"情绪"的理解豁然开朗。因为他们可以借由一种自己喜欢的形象，在涂色、变色的具体操作过程中感知和表达自己的各种情绪状态。教师对于主题中细小事件的敏锐捕捉和不断的思辨让"小怪兽"的形象不断完善和丰富。它的出现似乎是偶然，但又很自然。

【故事8】大三班的小怪兽时刻

编者说　追随孩子的思想，才能让我们明了他们真正的需求是什么，从而提供有价值的精神和物质支持，助推他们成长。

经历了给"小怪兽"涂色来表达自己心情的热情后，孩子们又有了新的想法。

豪哥：小怪兽只能贴在墙上，要是能带他一起出去玩就好了！

老师：嗯？好想法。你为什么要带它出去玩呀？

豪哥：出去玩的时候我最开心了。

老师：那现在你也能带它出去玩啊。

豪哥：不行，我上面涂了红色，手一拿颜色就抹到我手上了。

这倒是，因为之前只想到让孩子们能够在"小怪兽"身上变颜色，所以使用了塑封纸以便擦涂。不便之处也随之而来，就是用水彩笔涂色后一不小心就会擦到手上或者衣服上。怎样才能让"小怪兽"变成豪哥期待的那样能够带在身边呢？老师到网上查了一些资料，终于想到了一个方法——制作"手办"，就是可以拿在手上把玩的卡通形象。说干就干，小朋友们拿出设计手稿，摆出超轻黏土和活动眼睛等材料，经过一次、两次甚至四次、五次的不断改进，"小怪兽"手办终于出炉了！看着小朋友们的"小怪兽"手办每天不断变化直到完工，老师不禁对他们刮目相看，特别是几个日常对手工和绘画不太有兴趣的孩子的表现，简直让人有点儿不敢相信啊！自此，每个人都可以随时带上小怪兽去玩了！豪哥总喜欢带着它去战壕玩。

大家带着小怪兽出去玩了一番，回教室的路上碰到隔壁班的王老师。王老师看到小朋友手上拿的小怪兽充满好奇并觉得甚是可爱，随口问了噜噜一句："你的小怪兽这么可爱，它叫什么呀？"这下可把噜噜给问住了。对呀，这么可爱的小怪兽居然还没名字，大家只忙着做自己的小怪兽，却忘记了还可以向别人介绍它，给它取个响亮的名字！于是接下来的日子，孩子们不仅给自己的小怪兽取好了名字，还收集各种废旧环保材料给它建造了一个温暖的"家"。展示架上也变得越来越满满当当。

小怪兽"疾风" 　　　　　　　　　　小怪兽们的家

有一天，嘉嘉在玩昊昊的小怪兽时，不小心把它的一条腿给弄断了。昊昊号啕大哭，嘉嘉不知所措。Coco大声向老师报告事情的经过。老师灵机一动，想到小怪

兽不就是因为伤心生气而来的吗，用它就可以"治疗"伤心啊！于是，大家把昊昊断了腿的小怪兽放到桌子上，讨论该怎么办。讨论过程中，大家对昊昊的伤心表示非常理解，同时出了很多主意，想着要一起帮忙把小怪兽修好。说干就干，大家马上行动起来，帮助昊昊接上了小怪兽的腿。也许是看到大家为受伤的小怪兽忙碌着，也许是看懂小怪兽的腿被修复了，昊昊很快平复了心情，一起投入其他修复工作中。从这件事之后，我们班就有了"怪兽桌"。无论谁遇到困难、发现问题、需要求助等，都可以把自己的小怪兽放到"怪兽桌"上，然后大家一起讨论解决。这个讨论的时间我们又称为神圣的"怪兽时刻"。

在每个"怪兽时刻"里，小朋友们自己提出问题、商讨方案、确定规则。老师主要负责记录，关键时刻进行反问。慢慢地，我们发现，原来很多让大家伤心愤怒的事情其实很简单就能得到解决。豪哥曾经因为跑步慢被嘲笑而大哭的事也被老师重提。"怪兽时刻"之后，小朋友们约法三章：不能嘲笑别人，要先安慰他，然后鼓励他。之后，豪哥虽然还是跑得很慢，但是听到的都是"豪哥加油"，还有豪哥自己的笑声……

小怪兽出现在桌上

老师的话 虽然主题开展只有短短三周时间，但是小怪兽陪伴了孩子们整整一个学期，甚至还在生活中延续。在学期快结束时，齐齐仍在不断改进他的小怪兽，可惜他在晾干时不小心弄丢了它。在小伙伴一起把教室每个角落都找遍依旧不见小怪兽的踪影后，齐齐马上做出一个决定：重做一个！但是对于第一个小怪兽的感情已然深深刻在心中。在期末给孩子们回顾学期成长视频时，齐齐看到了自己第一个小怪兽的图片。他对着电视屏幕说："好想我的小怪兽啊！还好我还有一个。"说这些话时，齐齐的表情深深触动了两位老师。我们看到了"爱"与"光"，更看到了"能力"。期末时刻，齐齐从找不到陪伴了一个学期的小怪兽到决定重新做一个，再到看到自己原先的小怪兽图片时满怀不舍，整个过程体现的是孩子内心情绪的真实流露，也是他们对情绪的自我调适。也许，一个成年人对于心爱之物丢失能做到的也不过如此了。

回望学期初开展这个美诉主题"我的美丽心情"的另一个目标——能在实际生活中运用恰当的方式抒发排解负面情绪，历时一个学期的"小怪兽"活动，让老师看到这一目标价值的初步凸显。教育，真是"水滴石穿"的柔韧与坚持。

"脚下带风、脸上带笑"之"我喜欢"

"我喜欢"是从儿童视角出发对自己的审视与认识，也是美诉课程中教师引导孩子自主发现和自由发展，让自己成为那个"最美的自己"的主导方向。主要引导孩子探究自我的"我喜欢什么""我坚持什么"和"我擅长什么"，挖掘特长，树立自信心，全情投入地去尝试和享受每一件事。

【故事9】我要把它们都带回教室

编者说 对世界充满好奇是人类的天性，因为好奇，所以喜爱，因为喜爱，也就充满热情。守护好奇、延展喜爱、享受热情，是我们给孩子的人生礼物。

在东山弄公园里，一个个满带笑容的脸庞在阳光的照射下显得可爱至极，如同丰收的果实般耀眼。但他们的脸上似乎多了些许的烦恼：老师，这朵花为什么掉下来了？为什么这片叶子变黄了？为什么好多树上什么都没有了？还有，桂花也都落下来了……一个个问题向老师袭来，让老师不知道回答哪一个好。此时，一声大喊打破了"如此平静的画面"，场景才有了些许改变。

"老师，我觉得这些桂花好香啊！""老师，我也觉得桂花好香啊！""我也是！""我也是！"……其他小朋友的情绪仿佛都被第一个孩子感染了，口中都说着同样的话。或许这就是他们的天性。他们就是用这样好奇的眼光、简短的话语来表达自己对于这个"秋天"的喜爱。

此时，有一个不同的声音响起："老师，我想把这些树叶带回教室可以吗？"

这时，大家的眼神好像都在问老师同样的问题，也好像在告诉老师："老师，你同意吧。"老师说："当然可以啦，我非常同意你们自己做的这个重要决定！"话音刚落，孩子们的笑声传遍了整个东山弄公园。

孩子们做了决定之后，我提出要好好想办法把它们"装"回去。对于这个问题孩子们已经"蓄谋"已久，他们异口同声道："用瓶子或者袋子装！"

瓶子

瓶子好像很实用哦！轩轩看到自己喜欢的叶子就使劲往瓶子里放，把整个瓶子装得满满的，装不下的时候还不忘过来叫老师帮助他用力按压着瓶子，嘴里唠叨着："还能装一点，还能装一点，我可以的。"老师帮助他按压瓶子后，他撒腿钻到树底下去找新的树叶了。或许真的是因为对秋天的喜爱，才会有如此强烈的想把这些叶子保护起来的想法。

回到教室后，轩轩把装满树叶的瓶子放在了自己的"小基地"里，时不时地跑过去，悄悄打开看看它们是否还在，有没有被其他小朋友发现。当检查完自己的"宝贝"后，回过头对着老师哈哈大笑，对着身边走过的同伴咧开嘴，那种打心底的喜欢神情感染了每一个人。

袋子

袋子是一种让人感觉神秘的存在，总让人觉得这个很"实用"，可以装很多很多东西。好多小朋友装了满满一大袋，有树枝、树叶、松果、板栗等。回来的路上，他们讨论着要带回家给爸爸妈妈、爷爷奶奶看，还要把它们变成好玩的，至于是什么好玩的——那就要等我们制作出来啦！

老师的话 小班孩子真的是最纯粹的自然之子，他们对大自然的喜爱是最直接的，他们对一切都那么好奇。在他们眼里，一片树叶、一粒果子、一块石头都是有生命的个体。对此他们有着浓厚的兴趣，想把一切喜爱的东西都带回教室。慢慢地，这种兴趣就成为他们探究世界、创造新事物的推动力，积淀为他们生命中最可贵的品质。

在孩子们与自然互动的过程中，我们能给予的最好支持便是欣赏和鼓励。好奇心虽然是人的天性，但是如果不小心呵护，便会减弱甚至消失，所以当孩子们满眼放光地微笑着搜罗一切他们眼中的宝贝树叶时，老师回应以赞许的目光和肯定的微笑，同时还抛出问题"我们怎么把它们带回去"，来引发孩子更多的思考。当他们在教室时不时地去看看自己的宝贝，沉浸在喜悦中时，老师也和他们一起享受美好、感受热情。有什么比用心呵护这份原动力更为重要的事情呢?

【故事10】做有趣的事让我有些兴奋

编者说 解读孩子的内在动机,激发他们的兴趣和热情,通过多种方式、途径,让活动更有趣,支持孩子们"由内而外"动起来。

孩子们精心照顾向日葵,用自己的方式记录向日葵,表达对向日葵的认知和喜爱。不知不觉孩子们和向日葵成了好朋友。

有一天,孩子们告诉老师想要制作向日葵。"这真是一个好主意!"老师立刻表示了赞同。

老师:为什么想要自己做向日葵?

噜噜:我想要有一棵自己做的向日葵!

雅涵:因为可以做自己喜欢的向日葵作品。

乐乐:能够用其他材料做出一棵向日葵,会觉得很有趣!

豪豪:如果我做了一棵开得很漂亮的向日葵,那它就不会枯萎了。

"那你们想做什么样的向日葵?"教师问。

"我要做很大的向日葵。"昊宝手舞足蹈地说。

"怎么个大法?花盘很大,还是整株向日葵很高很大?回头你再给我们描述得具体些吧。"教师说。

姐姐对自己的向日葵充满期待:"最好看起来很真,是有眼睛的向日葵。"

Coco说:"哇哦,怎么办,我好紧张啊!好害怕万一做不好,怎么办啊?"

……

孩子们讨论着"向日葵"的制作方案:做成什么样、用什么材料做……有的想用衍纸做,有的还说:"我想到我可以用叉子、盘子制作向日葵!"噜噜露出吃惊的表情说:"啊?你说什么?!叉子?这有点奇怪,又有点好玩啊!"还有的想做成立体的,需要木头、瓶盖、纽扣等。他们两眼放光、热火朝天地讨论了好久。之后,老师引导孩子们利用设计图稿,画出自己打算制作的向日葵的样子或罗列出制作的步骤。

老师的话 孩子们在照顾向日葵、记录向日葵的过程中不仅获得了对向日葵的认知，也与之建立了深厚的感情。前两部分的丰富体验自然推动孩子们萌生"自己创作向日葵"的想法。有的孩子是纯粹想要做一株自己喜欢的向日葵，有的孩子是期待更新奇、好玩、与众不同的向日葵，还有的孩子是希望在现实中留住"永不凋谢"的向日葵，这就是孩子们制作向日葵的内在动机。解读孩子们内在动机的过程，不仅是老师发现孩子的过程，也是孩子自我发现的过程，这使得他们更坚定自己的想法，并为了更好地实现这个想法而付出努力。这就是我们活动的价值所在。

从孩子的话语中能够感受到他们内心的兴奋：思维开始活跃，脑袋中那些奇思妙想的小芽芽开始冒尖儿。也有一些在兴奋激动中担心自己的行动与目标不能很好匹配，所以带着一点儿"紧张"情绪的孩子。那又有什么关系呢？老师引导孩子们通过讨论形成各自的向日葵制作方案，协助孩子们更加明白自己的想法，有目的地完成了设计，减少了制作时的"盲目"和"阻碍"。清晰的目标与每一小步的成功，让孩子维持最初的兴趣，保持新鲜感，以更饱满、专注的状态继续努力，直到目标达成。

【故事11】我和你想的不一样

编者说 每个孩子都有着天马行空的想象和与众不同的创造能力，蹲下来倾听孩子的诉求，进行适当支持，帮助他们发散自己最独特的光芒。

菀心、姐姐等孩子向老师请教有关向日葵作品创意的问题。老师带着孩子们一起寻找了具有特色的艺术作品照片进行欣赏，孩子们讨论着艺术家的构思、材料的用途、组合固定的方法等。孩子们就像突然开窍般兴趣大增，对突破自己原有的想法有了更为强烈的愿望。设计时，教室里只听见记号笔、水彩笔"唰唰唰"的声音。第一次看到孩子们的设计稿时，老师觉得手中像是拿着沉甸甸的"金子"，看到他们发光的创意：

有各种不同颜色的"方块"，让人十分好奇：到底是什么呢？

一琳：我的向日葵是立起来的，底座用木头固定，这样就不会倒下来！向日葵的花瓣用纽扣和扭扭棒，杆子我想用扭扭棒和长的笔，叶子用瓶盖来做，我想到我家里有些盖子可以拿来用！

Coco：我想在我的向日葵花盘里贴上小纽扣，这样我的向日葵就成了向日葵中最漂亮的花啦！

还有另一点拨充满生活化的创意，那就是——把自家厨房里的锅碗瓢盆、家里的玩具零食都拿来用，他们打算怎样做呢？

花卷：盘子做花盘，形状很适合。三把叉子和勺子可以拿来做杆子和叶子，因为叉子和勺子非常像杆子和叶子。

噜噜：我和花卷有些不一样，花心我要用圆形的大纸盘，钢叉子、钢勺子作为向日葵的叶子，用超轻泥做花瓣，吸管做花杆子，怎么样？我觉得我会成功呢！

康康：我想把砂皮纸画好剪下来做花心，叶子用各种半圆形的积木来做。天上还下彩虹雨了，我把糖果贴在纸上，天上还有云朵，我把棉花贴在上面。

姐姐：我和他们不一样的是我想要做可以活动的眼睛。

……

老师的话 美诉课程的一个核心特点，就是给孩子提供充分感知的机会，开放视觉、听觉等多通道的感受，推动孩子对原有材料的认知经验进行建构重组。在主题前期，孩子们已经用撕贴、陶泥、国画、线描制作和绘画等各种方法表现向日葵。当孩子们想要突破原有的经验，寻求更高一层的艺术表达时，教师带孩子们寻找艺术作品的拓展方式，比如组合式、拼接式、结合式等，帮助他们突破原有固化的想法，寻找更有挑战、更新层次的灵感，提升孩子对向日葵艺术表达的再创造。

当孩子需要帮助的时候，老师根据孩子的不同能力，带着他们一起寻找和思考。每个孩子都专注于自己的创造设计，让旁观者明显感受到他们源源不断的创造力和对自己的向日葵作品的满腔热情。

老师通过语言、行动的支持，鼓励和维护孩子的创造力、想象力。我们耐心地倾听孩子的想法，给予必要的肯定，促发孩子对个性化的向日葵设计与独特创造的兴趣与表达，有效支持了孩子在学习过程中的坚持与投入。

【故事12】啊呀呀，我是不是很棒呢

> **编者说** 幼儿期的孩子非常缺乏经验，在他们试着伸出双手去拥抱这个陌生世界的过程中，内心是忐忑不安的。而创作表达让他们感觉真实，在完成各自的大作后，那种骄傲感、成就感、自信感喷涌而出，能给他们带来安全感。

当孩子们的作品以艺术展览的方式展出的时候，他们有着不同的感受。

Coco：我好开心哦！刚开始做的时候我还很害怕，怕做不好。现在有点骄傲，有些自豪，因为作品展示出来啦！

雅涵：我的作品能展示出来，感觉很好！

菀心：我觉得只有努力才能有好的作品，才有这样的收获！

噜噜：当然开心啦，因为作品完成了，而且觉得很好看，很漂亮！

齐齐：我把画拿给爸爸看，很开心，爸爸还夸我说作品很棒！

花卷：我想把我的作品带回家给爸爸妈妈还有外婆看！

姐姐：我要把我的作品放在家里的学习桌上，因为太好看了！每天玩的时候，看看它就很开心！

周五，豪哥爸爸来接豪哥，爸爸说："豪哥，走了。"豪哥"咻溜"一下跑出教室，小手挥着让他爸爸跟他来，说道："快去看我的作品！走啊，走啊！"

> **老师的话** 当人们成功创作一件作品并获得认同和赞许时，其内心对自我的认可度会大幅提升，并引发情绪愉悦、行为积极等外部表现。成人如此，孩子亦是。孩子们伸出好奇的触角触探这个世界的过程中，需要我们帮助他们努力体验成功、建立自信。鉴于孩子的年龄和学习特点，"作品"是一个有效载体。

美诉课程三路径之一"多元表达"中有一种表达形式，就是"作品表达"。首先，在提供给孩子们各种作品表达机会的过程中，支持孩子们充满自信地探究世界。支持儿童的作品表达，首先从体验制作过程的不易开始，通过语言和动作引导孩子体会艰难的创作过程以及苦尽甘来的滋味，懂得要做好一件作品需要耐心和坚持，对过程中遇到的问题和困难要有充分的心理准备，并不断思考、解决问题，感悟因为敢于尝试、敢于挑战，经过那些期待、灰心、纠结又燃起信心的过程，才会

幼儿画作

有现在的成功。

其次，坚持作品无好坏，悦纳每个人的真实感受。"向日葵展"里老师展示了班里每一个孩子的向日葵作品，欣赏点不是画得像不像，而是"画的是什么""你对自己作品的理解和想法是什么"，尊重每一个孩子对自己认知和情感的表达方式。

再次，我们还要向孩子学习，静心体会他们的匠心精神。每个孩子的艺术表现都是其个性创造的视觉语言，你会发现孩子在创作过程中是专注、认真、不受到任何干扰且热衷于创作的，这就是一种匠心精神。每一个孩子的作品都是独特的，支持他们的一百种语言，你会在不知不觉中认识孩子，也会感受到自己的内心变化。看到孩子对生活的积极向往，看着他们带着各自的"向日葵"开心地成长、开心地生活，把阳光的精神、快乐的心情传递给身边的老师、同伴，就像向日葵一样灿烂温暖！

让我们带着崇拜的眼光，来欣赏小小艺术家的"大作"吧！

"脚下带风、脸上带笑"之"我可以"

孩子的笑容常常实时地表达出对需求达成的满足感。随着年龄的增长、经验的积累和视野的不断拓宽，他们对自己的能力越来越自信，也对困难和挑战越来越有自己独特的看法。所以，努力去发现或者为他们"制造"一些困难和挑战，是课程实施的重要理念，让他们在一次次的经历中告诉自己："我可以！"

【故事13】在家翻箱倒柜的洋洋

编者说 珍视孩子的每一次探索，哪怕他们把世界弄得乱七八糟，也要坚信他们可以在经历中获得成长和学习能力的提升。

出于对昆虫的极大兴趣，孩子们生成了主题"夏音"。进入模拟各类昆虫发出的声音这一环节时，他们给自己安排了回家找模拟工具的任务。

这天洋洋来教室时与往常略有些不一样，他拖着一大包东西，看起来有点吃力。

老师赶紧迎上去：洋洋，早上好！你拿了什么呀？这么大一包！

洋洋：老师早！这是我昨天在家里找到的可以用来制造昆虫声音的东西。

老师：哦，都有些什么？（老师表现出极大的兴趣。）

洋洋一边从包里献宝似的一件件掏出来，一边一一介绍：这是纸盒，还有这个铁的玩具小盒子。这是梳子、牙刷、塑料袋、积木、衣架……这都是我自己找到的！

老师一下子被洋洋带来的这么多的材料震撼到了，也被他流露出的积极、自豪情绪而感动：真好呀！快放到声音探索区去吧！

洋洋乐滋滋地去了。

第二天上午，洋洋一路小跑着进教室后，就迫不及待地拿出了袋子里的东西：王老师，我找到了这个黑板擦，把它放在地上擦来擦去的声音很像蚂蚁在雪地上跑来跑去的声音。还有这个木棒，可以用梳子在木棒上拉来拉去，这个声音跟锯木头的声音听起来差不多。

老师又一次吃惊：谁说孩子缺乏独立的比较和判断能力？

趁中午休息时，老师跟洋洋妈妈交流信息：洋洋今天主动带来了能够模拟昆虫声音的东西，看到他可以如此喜欢这个活动，特别高兴。他作为组长，能够这么积极、坚持地去做这件事情，我特别感动！

洋洋妈妈回复：前几天回来，他总是把家里的东西都翻出来，满地都是。这个敲敲打打，那个捏捏摇摇，不断在寻找新的声音，还总是问我们像不像××的声音。这几天开始让我放他们组的动画视频，有针对性地找材料，然后制造出几种差不多的声音，自己进行比较并寻找出最接近的那一种声音，最后把相应的材料放好，第二天带去班里。这些都是他独自完成的，还一直跟我们说——"我是组长呀！"

老师的话 自主精神一直是美诉课程追求的目标，我们期待通过主题的开展，引导孩子们在体验和探究中懂得思考和判断。在收集材料这一环节中，老师主要运用了"分组引导"这一策略，支持孩子细化目标，分清每一个人的岗位和责任并分头行动。在讨论中大家最终决定利用动画《昆虫总动员》里的片段进行拟音表演，并且分成蝴蝶、蜻蜓、蜜蜂、蚂蚁和瓢虫五个组。大家根据自己的喜好选择一个组，并决定自己承担组员或组长的角色。他们在分组淘拟音材料的过程中，不断寻找自认为最合适的材料，对每一次新发现都喜出望外，如获至宝。拟音这件事已经慢慢从大家的任务变成小组的工作，最后成了每一个孩子自己的事。他们把它当成一件大事在做，认真，投入，精益求精。特别是每一组的组长，感觉到自己肩上重大的责任，更是全程全情投入，不仅自己要做好，还要带领组员一起做好。

主题活动结束之后，还时常有孩子带些小昆虫来跟大家一起观察，也总会有孩子把自己在家里玩出来的一些新声音拿来跟大家分享，这样的交流与分享让他们觉得开心和满足。虽然主题已经告一段落，但是我们的探索并没有就此结束，还可以一直玩下去！希望孩子们能够带着这样的好奇心继续去关注，去发现，去探索，去获得更大、更多的惊喜和收获。

【故事14】不会打结，真是一个大问题

编者说 没有比给予孩子们机会，让他们发现问题，并在自己的探索实践中解决问题更能让他们感受成功、获得进步的了。

想把绳子挂在树上，尝试钓鱼，想玩秋千，更有想要创造一个绳子游乐园的"野心"。但新的问题很快就出现了——不会打结！（甜妮：不会打结就学呗！）自此，一系列打结活动在班里开展起来。

首次尝试的目的是用跳绳打一个能把凳子拎起来的结。大家都热情投入，只有一个小小的人儿垂着脑袋坐在角落。

老师上前询问："豆豆，你怎么了？"

豆豆皱着眉头，语气很急促："我每次弄好绳子都会散开，凳子都拎不起来。打结，要怎么打？我不太会呀！"

在一旁已经探究成功的菲菲听闻，主动上前："我成功了，我来告诉你！先把绳子一头从凳子穿过（指靠背），多绕几圈，再绑几圈。最后把另一端绳子伸入缠着的绳子里。"随后又示范了一遍。照着菲菲的方法，豆豆把绳子绕了几圈，以为结打好了。一拉，绳子又散了……

在寻找失败原因时，糯糯总结出经验：打结时我们一直都是绕圈圈，没有把绳子的一端穿到圈里真正打结。但我们一开始以为这样是成功了，所以绳子才会一直散掉。

打结，真的是太难了！

老师：打一个结实的结是有点困难，但有没有办法可以让自己学会呢？

幼儿练习打结

曲奇："我们可以看打结的视频学习，还可以把打结的方法贴起来。"
甜妮："女孩子一组，男孩子一组。在打结时比赛看谁打的结比较牢固。"
暄暄："不会打结的小朋友可以向厉害的小朋友学习。"
老师不禁感叹：原来孩子们的求知欲望是那么强烈！

自此以后的打结活动，孩子们自发以竞赛形式互查。比赛氛围让每个人的头脑快速运转，打结兴趣也在游戏中得到提升。椅子、桌角边、床栏都变成学习打绳结的好地方。"耶，我成功啦！""你来检查一下我的，是不是很好？"渐渐地，教室里成功的喜悦盖过了不会打结的郁闷。

老师的话 "做中学"活动为孩子的探究提供了一个生动、自由的学习环境。它符合幼儿好动、好奇、爱探究的天性。这也是美诉课程一直追求的目标。

在开展"我的游戏我做主"美诉主题系列探究活动的实践过程中，老师抓住孩子对绳子感兴趣这一契机，在他们喜爱的基础上给予一定的支持和引导。

"绳子打结"是孩子们对绳子游戏的第一步设计与尝试。孩子们期待在绳子游乐园创造"滑索""秋千"等许多有趣的玩具。经过讨论与设计，孩子们发现，要创造"滑索"与"秋千"，需要把绳子与椅子、树加以固定。固定靠的是什么？靠的就是绳子与绳子之间、椅子与绳子之间、椅子与树之间的结。原来会打结是绳子游乐园玩具设计的重要前提。

从最初对打绳结的不知所措到天天认真练习打绳结，孩子们的兴趣变得越来越浓厚，绳结也打得越来越牢固。最后他们在走进"绳子游乐园"时，能够大胆地去创造各种与绳子有关的游戏和玩具设施。爱探索是幼儿的天性。孩子们带着强烈的好奇心和探究欲从不会到会、从生疏到熟练，这必定是一个循序渐进的过程。孩子们和老师在其中获得了关于打结的经验，积累了方法，更加重要的是他们体验到了探究活动的乐趣和解决问题的成就感。

【故事15】什么是"打破砂锅问到底"呀

编者说 "问题学习"对幼儿来说是很重要的学习方式。对老师来说，处理问题学习是一项很考验人的教育技术。回归儿童本位，支持儿童把问题问透、钻透，便可在处理问题面前看见儿童的能力，也获得自我的提升。

幼儿园里的芽苞苞真多，每个孩子感兴趣的大不同：有的喜欢有叶片包裹的芽芽，有的喜欢能开出花朵的花苞苞，还有的偏爱红色的芽苞。

主题后期，我们需要根据孩子们的意见，确定一个班级观察对象进行长期跟进观察。这时，我们遇到了一个大问题：大家感兴趣的芽苞各不相同，到底该如何选择？

老师预设集中时进行一次投票，以少数服从多数的形式选出一个班级长期观察的芽苞苞对象。

听了老师的提议后，孩子们纷纷表达了自己的想法。

洋洋：可是我们喜欢的都很不一样，只选一个的话太难了。

诗诗：为什么只能选一个？

恺恺：那没有被投票选出来的就不能去观察了吗？

老师：既然大家有很多思考，是否有好的解决方法？

Awa：我们有两个老师，那能不能选出两个观察对象？

老师：哦？这个办法听起来好像不错！

孩子们：有两个观察对象的话，我们还可以选择自己更感兴趣的！很好！

老师：因为老师能集中跟进的芽苞有限，那么自己感兴趣的芽苞如果没有被选中，也一样可以自己去跟进观察，随时和老师进行私下交流，也可以和爸爸妈妈一起跟进。

最终，孩子们选择了李子树和芭蕉树作为班级观察对象。接下来围绕这两棵班级树，孩子们进行了多次观察与探究，在问题卡片上留下了许多的问题。

诗诗：李子树上有一些开放的花，还有一些叶子。那哪些芽苞苞会变成花，哪些会变成叶呢？

芯芯：李子树什么时候才会结出果实呢？

呈呈：哎呀！李子树的洞洞里有一条大虫子！这是什么虫子？它会不会伤害李子树？

Awa：为什么芭蕉叶是先卷拢再打开的？

安安：这里有棵芭蕉树很特别，它为什么没有长出芽苞苞？它死了吗？

乐乐：芭蕉叶被一根绳子缠住所以没法展开了，我们怎么才能帮助它？

每次深入观察后，教室里的问题卡片越来越多……

后期的集体活动解决了大部分共性问题。还未解决的那些问题除了在区域时间讨论以外，也常常有孩子一早就跑进教室和大家分享自己回家查到的资料。

老师的话 美诉课程中的孩子自主思考、创造。从走近幼儿园各种芽苞苞开始，孩子们就充满兴趣。"真兴趣"的内在驱动生发了孩子自主的细致观察、主动的深入思考，以及创造性解决问题的思维方式。于是，我们能看到孩子在必须要选择集中观察对象时突破了惯性思维与教师预设，从实际兴趣与需要出发提出可行的解决方案。站在班级树下时，一切细节都被幼儿机敏的双眼捕捉到，每一个细节在他们眼里都值得挖掘、深究。

跟进过程前，教师的预设被幼儿"打破"，遵循幼儿的需要重新确定了最终的观察对象。观察过程中，教师将空白问题卡投放在前，以保证幼儿对发现有所记录，便于开展后期梳理、提取问题卡中的信息并进行集体活动的跟进。同时，利用同伴交流、家园合作等策略进一步激发幼儿的自主性，帮助幼儿在直接经验与拓展经验中不断扩充已有认知体系。在获得一定经验后，再第二轮投放空白问题卡，支持新的探究行为持续进行。

于是，孩子们在前的主动性有了教师在后推动性的加持，在区域活动、同伴交流、亲子谈话中积累了越来越多与两棵班级树相关的素材与经验。

孩子们在充满主动性的探究过程中好似科学家一般，双眼敏锐、思维清晰、步步深入。对所见细节都坚持问到底、想到底、钻到底，这大概便是那天Awa所好奇的什么是"打破砂锅问到底"吧。带着思考与创造"打破砂锅"、解决问题的过程，便是"小科学家们"不容忽视的探究能力不断发展的过程。

【故事16】难道芭蕉树真的死了吗

编者说 儿童内在驱动的探究行为起源于对世界的强烈好奇心，根植于对每一个细节的思考与挖掘。"探究"过程中的思维方式、验证方法，彰显了儿童的能力。

对班级树之一芭蕉树的跟进探究从观察开始。孩子们观察到在几棵芭蕉树之中，唯独只有一棵芭蕉树的顶上没有长出芽苞苞来。在这棵特别的芭蕉树边，讨论就此展开。

安安：我发现有一棵芭蕉树已经死掉了。

洋洋：它死了吗？可是它还是直直地站着，应该没有死吧……

月月：那它为什么会这样枯萎？

玥玥：它都没有长出芽苞，别的树都长出来了。它肯定死了！

听到几个孩子针对这棵特别的芭蕉树展开的讨论，其他孩子也纷纷产生了兴趣。他们各有说法，而且都有自己充分的理由。讨论一直延续到孩子回到教室。

于是在分享时刻，老师抛出了孩子们刚才发现的问题。

老师：今天有很多小朋友发现了一棵特别的芭蕉树，能介绍一下吗？

铭朗：有一棵芭蕉树，它死掉了。（直接提出论点）

洋洋：它没有芽苞苞长出来。（对生命的理解，对死还带有一丝疑惑）

天天：我不知道它到底有没有死，难道是死了吗？

老师：那有什么办法可以让我们更了解这棵芭蕉树到底怎么了？

Awa：我回家让妈妈到电脑上查一下。（寻求资源）

玥玥：我们之前也学过一些和芽苞苞有关的本领。（虽无实用性，但可以给自己打打气）

恺恺：我觉得我们可以再多观察一下细节。（提出具体方法）

老师发现了孩子们对这棵芭蕉树的巨大兴趣，于是有意对这"特别的芭蕉树"的话题进行引导和跟进。到底这棵特别的芭蕉树是死是活？带着这个大疑团和已经收集到的资料，我们再次来到这棵芭蕉树前……

铭朗：我觉得它死了，它都掉皮了！（论据确凿）

Awa：我觉得它没有死，它身上脱皮只是自然现象。其他芭蕉树也有脱皮。（类比论证）

洋洋：我也觉得它没有死。因为它还是直直地站着的，应该是有生命的才对，不然站不住的。（推论）

月月：但是它没有芽苞苞长出来啊，它长不出芽苞苞就是死了。（经验论断）

玥玥：我也觉得它死了。因为我看见它顶上已经烂掉了。（增加了论据）

Awa：上面烂掉了吗？（质疑）

恺恺：哪里烂了？如果烂掉的话是不是长不出芽苞苞了？（质疑）

天天：让我爬上去看看！（验证）

当孩子们陆续爬上台阶看到芭蕉树顶部的黑色腐烂组织时，又有不同的声音响起……

玥玥：你们看，它上面烂掉了就是已经死了！（判断）

老师：那这棵芭蕉树的整个树干都烂了吗？

洋洋：但是我们不知道到底是顶上一点点烂了，还是底下全都烂了！如果下面也烂的话，树干就站不住了吧！（坚持观点）

老师：那我们可以怎么判断到底只是顶部腐烂还是整个树干都腐烂了呢？

恺恺：切掉顶上的一部分？（验证）

Awa：那把上面的切掉一点看看吧！就能看见下面有没有烂了！（实证）

当老师切除了芭蕉树顶端10厘米左右的腐烂部分后，孩子们争先恐后地围上来观察切面。"里面是白白的，而且还有一些绿色，没有烂！""它是活着的！太好啦！"孩子们一齐欢呼起来，老师也跟着开心起来。

老师的话 在美诉课程中，基于儿童的"真兴趣"与"真需要"开展的才是

"真活动"。在"真活动"中切实看见儿童的"真能力"与"真发展"才是课程实施的价值所在。

在课程实施过程中,首先教师"走在前",预设了活动的行进框架:观察—发现问题—跟进式探究(猜测—实验—验证);其次教师也"跟在后",将孩子们的问题及时梳理后,利用集中讨论突出问题、引导幼儿自主拓展新认知、就关键矛盾抛出问题引发新一轮思考等支持策略,帮助幼儿进行更为深入、科学的探究。

当最初孩子们注意到这一棵特别的芭蕉树时,教师尤为惊喜,惊于孩子们细致的观察力,喜于孩子们之间颇有火花的探讨与背后的深度思考。孩子们对于这棵芭蕉树的讨论与探究逐渐深入,已有的点状认知逐渐发展成为较为清晰、完整的线性科学探究,过程中主动、专注、坚持的探究精神,细致、递进、机智的探究方法都彰显着他们不容小觑的能力。

正是因为这样无止境的探究精神,在跟进式探究结束之后,孩子们在空闲时也常常说起:"丁丁老师,可以带我们去看看芭蕉树吗?""我们的芭蕉树最近又长大了一些,你发现了吗?""芭蕉树已经结出很小很小的芭蕉了!"让人惊喜的发现常常出现……

孩子也像成长的芽苞苞一样,如果细细去发现,定会惊于他们勃发的内在能量,喜于他们不断发展的内在能力。看见孩子,才是"美诉"的开始。

心中有爱、眼里有光

"孩子对你的爱,是不假思索的本能",这句话描述的是孩子对父母的爱,他们身上所表现出来的爱的能力之强大常常令我们为之惊叹。他们心中与生俱来的爱,使其对世界万物持悲悯的态度,而正是这样的态度,可以让人与自然更好地融合,值得我们去认真呵护。

美诉课程下"心中有爱、眼里有光"的儿童样子,体现了儿童对待自己和对待世界的价值观,这就是让世界充满爱,用对待自己的方式去对待别人。我们选取了同伴交往、同理心、好奇心和创造力四类故事内容,从环境创设、师幼互动、家园共育等多方面展开，分别投射于儿童视角下的"我们一起玩""我等你""这个东西好神奇""明天我就会长得很大很大"四组故事，叙述教师对爱的能力的呵护与延展策略，探讨怎样用专业支持孩子建设与环境和同伴的关系，并用自己的触角探究世界，让好奇和希望始终令他们眼中闪光，成就他们对美好生活的想象和创造。

"心中有爱、眼里有光"之"我们一起玩"

游戏是孩子学习、交往的重要途径，因此，玩伴的选择是孩童世界里的一件大事，能允许一起玩，是孩子们接纳他人的最直接的表达。同样，有融入游戏的意愿，想成为别人游戏中的一员，也表达了孩子对彼此的信任和喜爱。所以，孩子们常说的一句"我们一起玩"表达了儿童丰富的内心世界。他们有时候"如胶似漆一刻也舍不得分开"，有时候又生气吵架谁也不理谁。在老师和家长的关注和引导下，他们慢慢对规则的遵守、玩法的创新、意见的协调等有了自己的想法，也更容易建立稳固的同伴关系。

【故事1】"大领导"顶顶

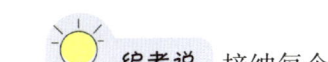

编者说 接纳每个孩子的独一无二，寻找突破点，支持他们体验试试"不一样的自己"。

"老师，他们东西没有放好！"

"老师你看，这是××做的桂花。"

"老师，我来帮你整理……"

中班上学期伊始，在每个人都积极投入自己的"工作"时，常常能听到顶顶说这些话。和其他孩子相比，顶顶更热衷于背着手"视察"，看别人玩。老师曾问他为何不一起玩，他说他不喜欢。是真的不喜欢吗？老师开始频繁邀请顶顶一起做游戏，但顶顶依然坚持"我看看就好"。

走进"秋桂"主题后，孩子们热衷于到幼儿园各个角落找桂花、捡桂花、接桂花、玩桂花，于是老师提出请每人准备一个容器用于存放收集的桂花。有一天，顶顶急匆匆走进教室，手里举着一个罐子说："老师你看，这是昨天我和妈妈一起去捡的桂花，还很香哦！"听到顶顶带来桂花后，有的孩子马上凑了上来，和顶顶开始你一句、我一句交流起自己捡桂花的过程。

"你们看，这是我做的'桂花糕'。"葡萄兴奋地喊道，顶顶好奇的小眼神转了过来。老师发现了这一变化，顺势问："葡萄，你来介绍下你的'桂花糕'是怎么做的吧！"

"好呀好呀，就是……"

此时的顶顶站在一旁仔细聆听，还不时看看老师。接收到眼神的老师就问："顶顶，你想试一试吗？可以和你带来的桂花朋友一起做哦！"顶顶听完眼里闪过亮光，拿着自己捡的桂花和轻泥开始玩起来。第二天自主游戏时间，顶顶又出现在了手工区，还听到他向别人介绍："你看，这是桂花比萨，黄色的都是桂花末末。"就这样，顶顶有自己的事做了，连续几天，他的"桂花食物系列"一件件出现……

顶顶有些不一样了！

主题"我和朋友"开始了，对虽已有事可做但还是更喜欢独自做游戏的顶顶，老师是有些担心的，就怕出现"没有好朋友"的尴尬场景。既然怕没有好朋友，那就索性换个角度思考，请孩子们找一个平时不太一起玩的朋友玩耍一天。老师鼓励顶顶去找阳阳一起做游戏。顶顶走到阳阳身边，小心翼翼地问："我们一起来搭东西吧！你想搭什么呢？""好呀好呀！"回到教室后，顶顶拉着阳阳走进了手工区："要不我们来搭'一对好朋友'吧，我做一个你，你做一个我。怎么样？""好的呀，可是要怎么做呢？""你看，这里有我带来的……你觉得这个像不像眼睛啊，我用它做你的眼睛怎么样？你想用什么做我的眼睛呢……"就这样，两个人的游戏开始了。

接下来的日子里，顶顶试着主动找不同的朋友做游戏，用教室里的材料表现自己与好朋友的故事。

老师的话 小班时的顶顶，聪明而敏感。可能是因为平日里家庭教育较为严格，所以顶顶渴望得到老师更多的关注和认可。但身体状况不佳也让顶顶时不时要请假，长时间无法参与幼儿园的各类活动，对同伴游戏的不熟悉、班里材料的陌生感等更让他缺乏自信，与班集体的距离感也越来越明显。

孩子天性愿意结交朋友，顶顶也是如此，但是他有愿望却没有信心，想试探又担心失败。怎样帮助顶顶融入集体，成为我们的关注点。我们不断观察，努力寻找突破点。

进入中班的顶顶请假次数少了，和小朋友们之间的互动机会也就慢慢地增加了。玩区域游戏时，顶顶常做的还是站在朋友边上看朋友怎么玩，然后发表自己的看法。老师鼓励顶顶勇敢突破自我，迈出脚步向"另一个自我"靠近，试试做一个"不一样的自己"。所以在主题中，老师及时捕捉到顶顶对"桂花糕"的兴趣点，提出制作桂花点心的建议。顶顶慢慢地开始在手工区"工作"，从一开始的模仿他人到后来有了自己的创意，变得越来越忙碌。这次他忙的不是检查别人，而是做自己喜欢的事情，这真是一个很大的改变！

当然，自己的世界太小，要把自己放到更大的空间中去，才能有更多有意义的体验。所以，老师决定打破孩子们固有的朋友圈，让他们寻找"不太熟悉"的朋友。顶顶从害怕到接纳再到带着朋友做事情，完成了一次很大的自我挑战。自此以后，他的故事里多了好多和朋友相关的有趣内容。

【故事2】"朋友站"的信箱

编者说 爱的表达千万种，一件礼物、一句话、一封别样的"信"，让人倍感亲切与温暖。

"哈哈哈！我写了12封信送给镐镐！"

"哇！航航写了这么多信送给我！"

教室里忽然出现了两个开心的声音，分别来自航航和镐镐。发生了什么事呢？原来是大家近期最爱的"朋友站"游戏呀！

中一班的孩子们总喜欢与好朋友分享好东西。有一天，有孩子提出想把自己画的画送给好朋友，好朋友收到画后很开心，马上也回赠了一幅，你来我往，孩子之间开始了赠画、回赠的游戏。可是过了不久，问题出现了：

"老师，我的好朋友今天没有来，怎么办？我的画送不出去了！"

"老师，××说好今天要回送一幅画给我，可是她今天没有来。"

孩子们自己发现了存在的问题，那我们就一起来解决吧！

安安说:"我们建一座'朋友站'吧。每个人都有一个小信箱,就算她没来也能收到我的礼物。"

"朋友站"在孩子们的无比期待中制作完成了。每天孩子们在"朋友站"里非常忙碌,大家忙着写信、寄信、回信,令不喜涂鸦区的孩子们也愿意进入涂鸦区画信。

如果你问孩子们:"你最喜欢的区域是哪一个?"

在有"朋友站"之前,航航一定会回答自己最喜欢的是建构区。我们总能在教室的各个角落听到航航正在建构区里和好朋友热烈地讨论和互动。不过,有了"朋友"站后,航航最喜欢的就是"朋友站"了!

老师的话 小班时,孩子们有属于自己互赠礼物的方式,比如贴纸、小戒指等。他们时常会用贴纸将好朋友的脸都贴满,贴完后看看镜子里的对方,哈哈大笑起来。进入中班后,老师希望孩子们在互相赠送礼物表达爱的方式上能够更多样化。当有孩子提出想把自己的作品送给好朋友后,老师给予了肯定。慢慢地,送画热潮在一部分孩子间出现。同时,孩子们发现存在几个问题:

①收到礼物却不知道赠送者是谁,要一个个问,太费时间了。

②好朋友总请假,说好的回赠迟迟未来。

③每个抽屉都是属于孩子的小小隐私地,如果被别人打开,秘密怎么保护?

老师和孩子们一起学习了故事《好朋友的信》,将这些问题与他们进行集中讨论,"朋友站"也就这样诞生了。紧接着新的问题又出现了:怎样让中一班的"朋友站"显得与众不同呢?有孩子提出用学号来做"朋友站"的标示,可是并不是所有孩子都认识每个人的学号。此时有人建议是不是可以试试以前用过的其他材料,比如纸箱、大家收集的各种材料等,于是,利用这些现有材料制作的、专属于中一班的"朋友站"就这样诞生了。

此后,"×××,你快来呀,我在你的信箱里放了一封信!"这样的声音此起彼伏,收到信的孩子开心得满脸都是笑容,也因此使不常进入涂鸦区的孩子有了"我也要画一幅信"的想法。

"朋友站"是孩子们从需要出发生成的表达方式,它的建设过程既表达了彼此间的喜爱之情,也呈现了孩子们对社会交往的思考和学习。果然,孩子们之间的美,有一百种表达。

收到朋友回信的小曹，喜笑颜开

【故事3】网绳要塌啦

编者说 当游戏出现矛盾冲突时，每个孩子都有自己的思考和行动。先别急着干预，尝试走出事件，相信孩子，观察孩子，了解孩子，敬佩孩子！

新学期，图书区有一位新晋"网红"——大网绳。有了大网绳，在图书区看书变成了一件好玩又有意思的事儿。玩大网绳有一定的游戏规则：同时在网绳上的人数不可超过10人。

这一天，在图书区的"网红"大网绳里面，好多个小朋友以各种姿态躺着、站着、趴着、蹲着、扭着。"我发现网绳里面有12个小朋友。"老师默默地在心里点数了一遍，然后把这个情况告诉了孩子们。

此时的孩子们，有的已经选择一个舒适的姿势在看书，有的爬到了高处正在和下面的朋友打招呼，有的在继续勇往直前，有的在网绳的入口正准备往里钻，还有的开始抬头悄悄地点数网绳里面的人数。

这时候突然想起了一个声音："下来两个，你们下来两个！人太多了！太重了！网绳承受不住了！"在网绳外面看书的赞赞朝着网绳高声喊着。他大声呼喊着，双手挥动着，两道小眉毛皱成了波浪形。

同时，本来在网绳上的悦悦从网绳上"哧溜"爬了下来，走到老师的面前，拉拉老师的衣角说道："老师，我可以把陈思霖的鞋子拿上去吗？因为网绳里面人太多了，我想请她一起下来。"

原本在网绳第三层的心心突然出现在圆木桩上，开始穿鞋子。老师有些不解：

"心心，你怎么下来了？"心心回复："你不是说网绳上有12个人了，那我就下来了。"心心穿好鞋子，坐在圆木桩上安静地看起书来。

本来在网绳第二层的园园和骁骁坐在沙发上一起看恐龙绘本。老师走了过去："园园，你怎么下来看书了呀？""你不是说现在有12个人嘛，那我就下来了呀。"园园回答。

此时，大网绳的入口，铁蛋一只手扶着网绳，微微抬着下巴，目光一直停留在网绳上。老师忍不住问铁蛋："铁蛋，你为什么不上去呀？"铁蛋皱着眉头，嘟着嘴说道："因为网绳上已经有12个人了啊！"老师继续追问："那你以前有没有玩过大网绳？"铁蛋向老师走来，说道："没有！"

老师的话 专用室活动时间仅有30分钟，以上事件发生在10分钟之内。在这10分钟里，大二班的孩子们因为老师的一句"我发现网绳里面有12个小朋友"，开始了自己的思考和行动。孩子们有的想自己怎样才能在网绳上多待一会儿，有的想怎样才能一直和好朋友在一起阅读，有的想自己是不是要从网绳上下来，还有的想已经在网绳的入口了要不要继续爬上去……

游戏遇上了规则，产生了矛盾。老师本可以直接提出网绳的人数已经超额，请最后上网绳的孩子下来，但给予孩子充分自由的机会，让他们自主判断形势和解决矛盾，这应该是一个更贴合美诉课程主旨的好办法。同时也基于对本班孩子的信任，我决定把问题留给孩子，期待他们用自己的方式解决问题。老师选择走出事件，做事件的记录者，以拍摄视频的方式记录下孩子们的行动。

事件发生时，正是园本主题"我的美丽心情"进行时，主题的前期，我们以绘本故事、谈话交流等形式了解了各种情绪的存在。老师以拍摄视频的方式记录下孩子们与大网绳之间的故事，并设计教学活动"网绳众生相"。在教学活动中，每一个孩子都是故事的主角，也是故事的旁观者。孩子们通过视频回顾自己的行为，同时了解同伴对事件的处理方式。此次活动，孩子们看到矛盾冲突的当下每个人都有自己的行动，在表达中自然而然地流露出自己的情感及看到同伴行为后产生共情的体验，心情和情绪就变得可触可感。

【故事4】我觉得我可以让给他玩

> 💡 **编者说** 每个孩子都会有自己温暖他人的瞬间，即使平时是个"小霸王"，也会在某些时候让出自己最喜欢的玩具。用闪亮的眼睛，发现孩子心中的爱吧！

大二班的每一个男孩子都是乐高区的忠实粉丝。他们为了占取乐高区的游戏名额，会争分夺秒地吃完点心，骁骁、小宝、赞赞、焜焜也不例外。故事就发生在下午自主游戏和点心的时间……

骁骁、赞赞率先吃好点心到了乐高区。骁骁从作品陈列区拿了焜焜搭建的枪，走到正在吃点心的焜焜身边："焜焜，我能不能改造你的枪？"得到焜焜的肯定后，骁骁蹦跶着回到了乐高区。

乐高区里站了三个男孩子——骁骁、赞赞、小宝。骁骁推了推眼镜，首先发言："小宝，乐高区只能同时进两个人，我和赞赞第一个进入乐高区。你是最后一个进入乐高区的，请你出去！"

小宝立刻用响亮的声音回应："没有，我进来的时候乐高区只有赞赞一个人。"

骁骁加快了语速："我是去问焜焜能不能改造他搭的枪！"

小宝说："那我们石头剪刀布吧！谁输了谁出去！"

三人一致同意该提议，开始石头剪刀布。然而，好几轮石头剪刀布下来，未果。

小宝再次提议："要不我们黑白配吧！谁一个人谁出去！"

三人同意，再次进行抉择。这一次，小宝被配出去了。

小宝双手叉腰，高声喊道："我不要出去，明明你们两个总是在乐高区，我都很少来玩。我觉得不公平！"

这一次骁骁没有直接回应小宝，而是走到了老师的面前，把事情的原委给老师讲了一遍。老师仔细地听完，没有给予骁骁策略性的回应，而是鼓励他们再试试看自己处理。

就在这个时候，赞赞离开了乐高区，独自来到了小平台上。他双手抱胸，靠在小平台的围栏上，眼睛看着远处一个人静静地站着。片刻后，赞赞再次回到教室，这一次他没有再去乐高区，而是选择了益智区。

当区域游戏结束后，老师询问赞赞的想法："赞赞，乐高区一直是你最喜欢的区域，而且你也是第一个进入乐高区的，为什么后来你选择了益智区？"

赞赞没有过多思考，直接回答："因为小宝很想在乐高区玩呀，而且我以前总是在乐高区玩，我觉得我可以让给他玩，我就出来了嘛。"

老师没有继续追问赞赞，心里涌过一阵暖流。

| 石头剪刀布 | 黑白配 | 生气的小宝 | 独自冷静的赞赞 |

老师的话 大班开学的第一个星期，全班一起讨论了每个区域适宜的游戏人数。结合讨论的结果，每个区域游戏牌上标记了相应的人数限制。基于大班孩子逐渐增强的规则意识，班里的区域游戏牌设置两周后就撤下了。同时，老师提供了"有人咯"的游戏牌，孩子们在区域游戏中因吃点心或盥洗等需要暂时离开区域，可以使用该游戏牌，其他孩子看到该游戏牌，就能了解区域里正在游戏的人数。

乐高区一直是赞赞最喜欢的区域。他是我们班的乐高小达人，作品陈列区总是会出现赞赞一件又一件精致有创意的作品。当男孩们用自己的方法解决游戏人数大于约定人数的问题时，赞赞完全可以用自己第一个进入区域的理由继续留在里面，但是，这个平时认真又有些任性的男孩子，这次把游戏机会让给了其他人！

"我觉得我可以让给他玩"，这短短的一句话，是赞赞独自在小平台冷静了片刻后做出的决定。老师相信这个冷静的过程正是赞赞内心矛盾不断斗争的过程，也是他比较、取舍和做出决定的思考过程，更是他脱离自我中心，把自己放到群体中去，考虑别人感受和需求的社会行为不断发展的过程。在区域游戏的分享环节，老师向大家分享了赞赞的温暖举动，也请小宝分享了自己留在乐高区继续游戏的心情。或许两个男孩子对自己心情的表述仅仅是"让给他""我很开心"，但是感受到的一定是最真实的温暖！

"心中有爱、眼里有光"之"我等你"

孩子是极具同理心的人,他们给凳脚穿上鞋子,给冒热气的茶壶扇扇子,学着像母鸡那样去孵小鸡……他们很自然地代入别人的情境中,从自己的所感所想出发去思考和解决问题,像爱自己一样去爱周围的一切。

由于注意力不持久、坚持性弱、自控力差等年龄特点,"等待"成为孩子们最不"擅长"的事,所以,当一个孩子愿意停下游戏,说出"我等你",那一定是他们真爱的。等待的过程是孩子们的认知不断自我更新的过程,也是自我控制、自我发现不断更新的过程。美诉课程中的老师们同样学习着用教育策略控制自己的行为,尊重儿童发展、引导儿童主动探究、支持儿童自主获得。

【故事5】"稻草人"的等待

编者说 善待每一样事物,似乎是孩子们的天性。他们把身边的东西都当成是有灵性的,对它们就像对待自己的朋友一般。这种天性需要我们珍视和保护。

国庆长假回来,走进幼儿园,空气中弥漫着桂花香。饭后散步,老师提议:"我们去看桂花吧!"立马得到了大家的回应。刚才还热热闹闹的教室忽然变得安安静静。孩子们飞快组好队走出教室,在楼梯上边走边兴奋地叽叽喳喳。等走近鱼池,大家的脚步突然变轻变慢。走到桂花树下,喜笑颜开的孩子看到了满树的桂花,兴奋地在原地跳着:"桂——花!桂——花!"突然,有人在别人的头发根里发现了一朵桂花,激动地叫起来:"有桂花落到你的头上啦!""是吗?太好了!桂花肯定是喜欢我,才落到我头上的,哈哈!"这么一说,大家都想去看一下头发根里的桂花,还有的孩子说:"我也想要桂花落在我头上!""我也要!""我也要!"时间似乎忽然静止了,刚才还那么兴奋的人儿安静下来,一双双小眼睛看着桂花,一分钟、两分钟……他们就像稻草人一样一动也不动。过了好久,看着四面围墙,估计风一时半会儿也不会来,老师就和孩子们商量:"是不是桂花还想在树上多香几天,要不我们再等等,过段时间再来?"孩子们不舍地与桂花挥手暂别。

接下来的两天,他们天天记挂着桂花有没有落下来,一有空就跑去树下站着,希望带着满头的桂花回教室。也常有孩子一脸满足的神情，把头上的桂花收进自己的"藏桂盒"。有一次，镐镐居然发现了一朵有五个花瓣的"桂花朋友"，瞬间吸引了大家的眼球：

"什么？在哪里？给我看看你的朋友！"

"哇！好特别！"

"给它取个名字吧！"

"叫小五怎么样？"

……

这也太有趣了，全班都为找到"小五"这个特别的朋友拍手，他们唱起了生日歌："祝你生日快乐，祝你生日快乐……"（老师也不知道为什么是这首歌，大概小朋友开心喜悦时最爱唱的就是这首歌吧！）

老师的话　一朵普通的桂花，因为有了孩子们对它的爱护而透出不一样的气息。在"秋桂"主题中，我们不仅支持幼儿对桂花的认知和情感体验，还支持他们的理解和共情。从提议到和孩子一起安静等待桂花，是和他们的共情互动，也是珍视幼儿的发现与心愿的具体策略。在接下去的主题发展中，教师追随着幼儿的好奇心，让他们在时间的流逝中探索答案，支持幼儿将桂花看作自己的朋友，为每天找回的桂花进行重要的"藏桂"仪式，更共同为找到一朵特别的"小五"桂花朋友而欢欣歌唱。在每一次寻找收集中，我们看到的是孩子对待桂花像是对待一位老朋友，和桂花小声地说话，静静等待，用爱心和全身心的积极投入，使教师一起沉浸其中，体验快乐。

和桂花打招呼、为桂花找朋友、给特别的朋友取名字……因为有了这些"大事"的发生，孩子们的天性才能得到释放，善待一切的本意也在这些"大事"的行进过程中不断得以稳固和积淀。当我们和孩子一起与桂花树打招呼，为特别的朋友取名字，隆重地准备好透明藏桂器皿，这一切都是用行动告诉孩子们老师的态度：我们与你们在一起。

这样的态度，是一种美。

【故事6】特别的"好朋友观察日"

编者说 爱，本就住在孩子们心中。我们要做的，是支持孩子们去察觉、感知和体验，并将爱付诸行动，在行动中看见他人，并传递爱。

咦，你怎么坐在这儿呀？

这天，孩子们满脸兴奋地来到幼儿园，各自从包包里神神秘秘地拿出了家里带来的相机、iPad、旧手机……这是要干吗？原来，今天是"好朋友观察日"！老师请孩子们从家里带来各种各样的摄影工具，去观察、拍摄自己的好朋友，用照片、视频记录好朋友身上特别的、有意思的事。

户外自主活动时，老师和孩子们一起到拓展区游戏。有的孩子在开心地玩游戏，有的则拿着工具东奔西走地忙着拍摄。这时候，多多的镜头突然停留在了坐在一旁的天天身上。多多拍了天天好一会儿，天天一直坐在那里。多多拿着iPad跑过来说："老师，我拍到天天一直坐着。他怎么一直坐着啊？""这真是有点奇怪呢，你可以去问问他吗？"多多想了想，就跑过去，弯下腰，歪着脑袋，凑近了和天天说话。只见天天用手指了指自己的鞋子。原来他的鞋子不知怎么的掉了，脚后跟露在了外面。多多看到后，马上蹲下来试着帮天天穿上，不过这对多多来说有些困难。多多尝试了很多次，都没有成功。最后多多来求助老师，在老师的帮助下，天天穿好了鞋子。

我的好朋友——多多

经过了一天的自主拍摄，孩子回到家和爸爸妈妈一起边看设备里的照片和视频，边聊白天发生的趣事。爸爸妈妈和孩子还一起挑选了几张照片或几段视频发在班级圈里，配上了文字，和大家一起分享。班级圈里充满了欢乐的笑声、温暖的友谊。

第二天，孩子们再一次坐下来，分享自己镜头下的好朋友。轮到果果的时候，她向大家展示了一小段视频：镜头从拓展区的木地板，摇摇晃晃地向上移动，最后出现了两个小小的身影：一个是坐着的一脸天真的天天，一个是背对着镜头、蹲在地上、不停摆弄天天鞋子的多多。

果果：这是我拍的我的好朋友多多，他在帮天天穿鞋子，天天的鞋子掉了。

老师：嗯，多多能看到需要帮助的人，真厉害！你看到多多这样做，心里是什么感觉？

果果：我感到很开心。

老师：为什么呢？

果果：因为后来天天和多多还有老师都笑得很开心，大家又在一起玩了，都很开心，我太喜欢多多了！

老师：看来帮助别人不仅自己开心，被帮助的人开心，在旁边看着的其他人也很开心呢！真了不起！

老师的话 让孩子成为"心中有爱"的人是美诉课程的目标之一。我们认为：爱，原本就住在孩子的心中，但是要让它形成固有的品质，还需要给予孩子不断体验的机会。美诉课程珍视生活和游戏之于幼儿爱的体验感知和能力发展所不可替代的价值，在生活和游戏中自然而然、潜移默化地让爱常驻孩子的心里。

爱，首先要能看见，而自由拍摄这一活动显然帮助孩子们满怀热情且不知不觉地通过生活和游戏将自己的目光投射到了周围人的身上。一整天的时间，孩子们可以自主地拿着设备去拍摄好朋友，自然而然地观察同伴的游戏和生活，更加直接地了解别人的喜好、需要或其他有意思、"没意思"的事，而不是仅仅投入自己的活动之中。

爱在看见之后还需要表达。一天的自主拍摄结束后，老师邀请家长和孩子们一起在家翻阅当日的摄影作品，进行个别化的交流和梳理。第二天的班级分享中，孩子们的表达变得更加聚焦和生动。这一过程也是同伴互动学习、共同分享的部分。通过这样的环节，孩子们个人的收获变成大家共同的成长。那双"看见别人"的眼睛，实实在在地留在了孩子们的心间。

【故事7】你肯定会发芽的吧

编者说 种植是常见的幼儿园教育活动方式，幼儿在种植活动中亲近自然、探究自然，同时，增进对自然规律的了解，产生对大自然的敬畏之情。

春日里的闻裕顺幼儿园热闹非凡，紫藤发芽了，蜡梅花儿香，我们生成了主题"小芽儿"，孩子们也种下了属于自己的种子宝宝。

小米总会时不时问老师："老师，我可以选择不玩玩具，去阳光房看看我的种子宝宝吗？"

"老师，我可以把我的橘子皮放到花盆里去吗？"

……

在自主活动时间，教室里总是看不到小米的身影，而在阳光房你会看到小小的她正在忙碌着：捏着小耙子给种子宝宝松土，拿喷壶给种子宝宝浇水，端起花盆挪到有阳光的地方，给种子宝宝提供光照。

不仅如此，当老师组织小朋友讨论关于种子宝宝成长的事情时，小米的眼睛扑闪扑闪的，默默地记着什么。事实也正是如此，小米的记录本上详细地记录着每一天她给种子宝宝做的事情。

然而，过了好多好多天，小米的花盆里还是空空的。一天，有小朋友问小米："小米，你为什么总是蹲在你的花盆旁？""你看，我的都发芽了！"小米看看人家盆里长出来的小芽芽，再看看自己的，低下了头，小嘴巴一瘪一瘪的。眼里分明有了泪水，但是眼神却异常坚定地注视着自己的花盆。

老师把这一切看在眼里，走过去轻轻地拥抱了小米，并摸着她的小脑袋说："老师陪你一起等！"之后小朋友一起欣赏了绘本《绿芽儿》，他们发现种子的成长需要一个过程。中午，老师把此事件反馈给了小米妈妈，请小米妈妈也和小米聊聊关于"种子"的那些事！

第二天午饭后，小米依旧蹲在她的花盆旁，只是这一次再面对小朋友的质疑，她抬起头来微笑着说："每一颗种子就像我们小朋友一样呀，有的长得快，有的长得慢！"然后低下头，捧起花盆走到阳光下，自言自语道："我的小种子，你肯定会发芽的，对吗？"

终于有一天，一棵小小的绿芽儿出现在我们的眼前。"老师，快看！快看！我的种子宝宝终于发芽啦！"小米指着小嫩芽，兴奋地大叫。

老师也很兴奋，亲爱的孩子，你终于等来了你的"种子宝宝"，历时23天！

老师的话 美诉课程主题的筛选与确立基于孩子的兴趣、需求和身边的事物。主题"小芽儿"开展时恰逢孩子们发现园子里各种新生的生命、发现春天是适合播种的季节。于是，老师组织观察活动、探究活动、写生活动，支持孩子发现园子里的各种自然变化，开展种植活动，引导孩子感知、体验生命的孕育过程，运用各种记录表，激发孩子关注种子自然生长的奥秘。

种子发芽是一个漫长的过程，小米从一开始的满心期待、高度关注到听到同伴质疑后的彷徨、沮丧……老师作为观察者、引导者，及时进行了主题中补充活动的渗透，如绘本教学的支持以及跟进家长工作，是对小米情感教育的推进，更是对其他孩子关注自然规律的促进与提升。

融敬畏生命、热爱生命的目标于一日活动中，孩子们的观察是主动的、生动的、全面的，孩子们的情感是丰富的、深刻的、有温度的。孩子们能在活动中了解生命、发现生命、敬畏生命、热爱生命，真正认识生命在大自然中孕育与生存的艰难，从而体会生命的珍贵。

主题"小芽儿"活动结束后，孩子们对种植活动的关注仍在持续，他们欣喜地发现被修剪得残缺不全的紫藤一个半月后竟然抽出了新芽，他们兴奋地感叹班级树红叶李的叶子原来是越长越红的……一个主题，一次种植活动，不仅仅是一次有温度、有情感的活动，更是培养孩子们关注自然规律的情感和态度，体会生命成长奇妙多姿的一次生命感知活动！

重视培养幼儿对生命敬畏、热爱的情感，努力使幼儿在亲近自然、对话自然、回归自然、感恩自然的过程中做个有情怀的人，这也是美诉课程的初衷。

【故事8】我们的铁蛋荷花

编者说 表达是联结起孩子与世界的桥梁，顺利表达的基础是孩子真实的体验和感受。美诉课程对孩子们最大的支持就是为孩子们创造各种体验的机会。

幼儿园毗邻西湖，湖边的荷花是孩子们常见的物种，丰富的环境资源"夏荷"主题的产生变得那么自然。

贝贝是一个坚信自己"最不喜欢画画"的人，区域活动时间他从来不选择涂鸦区，也不喜欢一切和画画相关的活动。老师和家长从不强求他。主题开启前，老师提议家长每个周末带孩子去西湖赏荷，并给家长提供不同的观察指导方法。如利用拍摄工具进行摄影、写生；有意识地指导孩子观察不同的重点，如荷花的姿态、荷花的生长环境、花苞的形态、荷叶上的水珠等。家长经常将赏荷的照片和孩子的"经典语录"上传到班级群，老师也利用这些资源进行分享交流。有一天，老师听到贝贝声情并茂地分享他观察的结果："妈妈带我去西湖边看荷花，我发现荷叶有的是大大的、圆圆的，有的卷起来像蛋卷一样，现在荷花还是一个个小花苞。我还发现有小蜻蜓飞来飞去，真好玩！"

在接下来的"迎荷"仪式中，孩子们迎来了属于自己班的荷花，正式开启"夏荷"主题。孩子们最先想到的是给荷花取名。

心心：叫它宝石吧，这样它就能开出像宝石一样漂亮的花了。

赞赞：我觉得叫它阳光吧，因为植物都喜欢阳光。

贝贝：还是铁蛋吧，让它长得很好，像铁一样牢固。

……

一番争论并投票后，班里的荷花有了一个响亮的名字——铁蛋！这一天，贝贝别提有多高兴，妈妈来接他时，他兴奋地冲上前介绍："妈妈，快看，这是我们的铁蛋荷花！"

随着主题的深入，孩子们将自己的日常观察融入了一天的生活。"铁蛋荷花长叶子了！""铁蛋荷花有个小花苞了！""铁蛋荷花快要开花了！""铁蛋荷花是不是生病了呀？"很多孩子自然地拿起画笔、轻泥、废旧物品，开始制作他们心中的"铁蛋荷花"。老师也及时提供各种材料，丰富孩子的表现内容。

一天，家长助教为孩子们展示了如何用寥寥几笔画出一朵摇曳多姿的荷花，可把孩子们惊到了。贝贝也想试一试。他拿起毛笔蘸了墨汁点到宣纸上时，不禁愣住了，眼睛直直地看着宣纸，自言自语："好神奇，墨汁慢慢变大变大变大，太好玩了。"

第二天，贝贝妈妈激动地来与老师分享——贝贝在吃晚饭时突然说："妈妈，今天我们画了水墨样儿的铁蛋荷花，这样的铁蛋荷花太美了，我觉得画画真好玩！"

老师的话 表达是人与人交往的方式。孩子们通过自己独有的表达方式，向周围展示自己，也从周围人的表达中获得各种信息。小班孩子由于生活经验不足和认识能力的局限，在表达上存在很大困难和限制，所以，通过感知和体验策略为幼儿提供真实的学习场景，使幼儿在参与养育荷花的过程中，产生真实兴趣，构建学习经验,为表达储备丰富的内容,是极为有效的。"夏荷"主题中,老师以"赏荷"为切入点,再以"我们的铁蛋荷花"逐步推进,坚持让幼儿在亲身体验中建立具体感性的认知,培养对"铁蛋荷花"的情感,提升探究兴趣。当幼儿积累了丰富的生活经验和情感体验,那些富有趣味的表达表现就显得那么自然了,也就有了贝贝说的那句"这样的铁蛋荷花太美了,我觉得画画真好玩"。

叶圣陶先生说:"生活犹如源泉,文章犹如溪水,源泉丰富而不枯竭,溪水自然流之不尽。"作为教师的我们,给予幼儿充分的感知、体验机会,就像是为他们创造了一汪源泉,不断丰富着他们的生命色彩,等到生活需要用到这些色彩时,便可取之不尽。

【故事9】我不想让蓝色瓢虫也死掉

编者说 孩子有哲学家的气质,他们不一定用语言表达,但一定会用自己的方式尊重生命,顺应自然!

主题"小芽儿"前期活动中,孩子们乐此不疲地寻找和发现幼儿园里各种各样的芽苞苞。一次户外自主活动,孩子们在种植园地发现了一条软绵绵的小虫子正在芽苞苞上蠕动。

"咦!好恶心,这个虫子在吃芽苞苞!"

"这是鼻涕虫,我爷爷和我说过!"

"我也认识!可是它到底会不会吃芽苞苞呢?"

……

最后,在大家的强烈建议下,我们把鼻涕虫带回了科学区。孩子们将鼻涕虫安置在干净的玻璃瓶里,还准备了饼干和新鲜的菜叶做食物。在自主游戏时间,孩子们拿放大镜仔细观察鼻涕虫,用画笔记录鼻涕虫的样子。可是,没过几天鼻涕虫就离开了我们。

依然是户外自主活动时间,孩子们在战壕区发现了一只蓝色瓢虫。正巧,瓢虫落到了小米的手掌上,孩子们纷纷围着小米观察蓝色瓢虫。

焜焜惊呼:"这是昆虫吗?我看看它有几只脚,有没有头、胸、腹。"

帅帅一只小手摸着下巴:"它好像有点紧张,脚都缩到一起,藏起来了……"

焜焜继续说道:"是的呀,这样我们根本看不到!要不我们把它带回教室的科学区吧!"

小米皱着眉头,低声说道:"可是我们之前带回教室的鼻涕虫最后死了。"

焜焜嘟着小嘴巴:"那如果不带回去,我们怎么观察呢?"

小米双手捧着蓝色瓢虫,提高了音量:"我不想让蓝色瓢虫也死掉!昆虫就像是一个人。如果你为了观察一个人,这个人却会死掉,是观察他重要还是生命重要?"

孩子们看着小米手里的蓝色瓢虫,最后决定用战壕区的沙子与树叶给瓢虫做一个"家"。把它安放到这个"家"后,我们就回到教室里去了。

小米手心里的蓝色瓢虫

老师的话 热爱自然是美诉课程追求的目标,也是教师开展美诉主题坚持的理念。将小昆虫带回班级科学区观察,这是平时教师支持孩子科学探究的策略之一,也为孩子创造了理解生命的机会。我们将一只鼻涕虫带回科学区观察,尽管大家都非常关心它,但最后鼻涕虫还是死掉了。之后,孩子们对自己行为和生命的理解似乎有了一些不同。他们觉得鼻涕虫本属于大自然,大自然才是鼻涕虫真正的家,我们以"观察"为名把鼻涕虫带回科学区,但是我们并不知道鼻涕虫喜欢怎样的生活,我们用自己以为合适的方式去对待它,可是对方却并不一定需要和喜欢,甚至会被夺走生命。在"鼻涕虫"事件中,孩子们对于观察、对于生命有了自己的定义。他们有哲学家的气质。当观察和生命两者摆在面前时,这不再是选择题,而是肯定的答案:生命的意义必然大于观察,生命的意义更是高于一切!孩子们不曾用语言来表述自己对生命的理解,但是在面对蓝色瓢虫时,他们已经有了自己的答案!

"我不想让蓝色瓢虫也死掉",这句短短的话语,看得出小米对罕见且稀奇的蓝色瓢虫的喜爱。"昆虫就像是一个人。如果你为了观察一个人,这个人却会死掉,是观察他重要还是生命重要？"这正是我们引导孩子保护玩具和书本时常用的共情策略。孩子们对蓝色瓢虫的共情，将蓝色瓢虫放回大自然的行为，正体现了他们对生命的尊重与敬畏。

"心中有爱、眼里有光"之"这个东西好神奇"

美诉课程反复强调对儿童好奇心的加倍呵护，因为好奇是探索行为的驱动力、是创造的原动力。除了鼓励、支持探究以外，有意引导幼儿发现问题，并运用自己的知识经验尝试解决问题，是一个让儿童好奇心得到满足并沉淀为自身学习品质的好办法。在这一板块，我们将看到许多老师的观察发现和推进策略……

【故事10】这个声音真的很像很像……

编者说 中班的孩子都还处于比较自我的状态，在团队协作的过程中，能够为了一个共同的目标学会主动倾听、赏识并接纳他人的不同意见真是很可贵的品质。

"夏音"主题后期的多元表达阶段，孩子们经过讨论最终决定借助动画片《昆虫总动员》这一载体进行拟音表演。根据各自的喜好，他们将这次昆虫拟音探索分成了蝴蝶、蜻蜓、蜜蜂、蚂蚁、瓢虫五组，并且在整个拟音的过程中反复尝试，乐此不疲。

这几天是各组自由探索和排演的阶段，孩子们要寻找合适的材料和方法去制造与视频中相近的每一个声音，并记录下来，形成最后表演的排练表。蝴蝶组的小朋友正在探索视频中毛毛虫爬的声音，有孩子说用捏纸的方法，有孩子说用刮泡沫箱的方法，也有孩子说用毛刷在地上点点的方法……在跟视频比较之后，他们都觉得用力拉紧塑料袋，然后用手指头在塑料袋上刮来刮去的声音很像毛毛虫一爬一爬发出的声音，于是开始在纸上记录。就在这个时候，乐乐找出一根玩具中的大吸管一拉一合地玩着，芯芯听到这个声音后立马就说："乐乐，我觉得你这个声音更像毛毛虫爬的声音！"其他小朋友听到芯芯这么说，也都赶紧围过来让乐乐再试一次。乐乐认真卖力地用手里的吸管一拉一合试起来。大家听后一致表示：这个声音更像！就这样经集体同意，组长更改了排练表中的记录结果。

另一边，蚂蚁组的孩子们也在专注地探索着蚂蚁在雪地上奔跑的声音。一会儿敲敲真空保护膜，一会儿揉揉塑料袋，一会儿擦擦黑板擦……一开始没有发现特别接近的那个声音，但是他们没有放弃，不厌其烦地用不同的材料继续尝试。终于，非非想出了用小木棒在塑料袋上快速点点点的办法，他觉得这个"嚓嚓嚓嚓"的声音很像，就让同组的小朋友过来听。听了之后，组里其他几位成员都表示认可。洋洋说："你这个声音真的很像很像！"

记录完这个声音，孩子们便开始探索下一个声音。过了一会儿，Awa听到旁边一个小组制造的声音，特别惊喜，赶紧凑上去看。只见他们正在把松果装在瓶子里，用摇一摇的方法探索声音，就向他们借了这两样材料拿回组里摇给同伴听："你们听听这个声音，是不是更像蚂蚁在雪地上跑？"听过之后，他们立马就把原来那个方法给替换掉了，因为大家一致觉得松果摇摇的声音更像、更合适。

老师的话 如果说积极参与小组活动，善于自主发现问题并乐于主动探索，是我们的主题目标之一，那么在这个目标下，孩子们能倾听、赏识他人，合作追求更为完美的探究效果，则是我们的"意外收获"。发自内心地接受他人的意见和方法，懂得赏识他人，对中班幼儿来说真的是一种难能可贵的品质。

"这个声音真的很像很像……"就是在这样一次又一次记录—划掉—再记录—再划掉的过程中，各组一直在修改和更新着排练表。他们总是会有更好的发现，不断找到更接近的那个声音，因为想要自己组最后呈现的拟音效果是最好的，所以总是在做新的调整。而这些调整基本都是在听到、看到别人玩声音之后的新发现。他们在听过、对比过之后觉得同伴制造出来的声音似乎更像视频中的声音，会积极征询其他同伴的意见。就这样，孩子们学会了相互欣赏和相互学习，用更好的方法来帮助自己完成表演，最终都能呈现出更好的声音效果。相比结果，不断调整、不断优化的过程更精彩！

【故事11】桂花和糖的魔术

编考说 都说孩子是好奇宝宝，由好奇开始的喜欢，让他们的探究停不下来，这是美诉课程中教师要时刻追随之处。

一天，源源带来了年糕，午餐后和大家分享。大家一边品尝一边说："真好吃，甜甜的，我还想再吃一块。"忽然姐姐惊奇地说："源源的年糕里有桂花哦。"听她这么一说，有的孩子立马仔细地看看自己正在吃的年糕；有的孩子则围到姐姐边上追着问："在哪里？在哪里？让我看看。"弟弟拿出勺子在盘子里翻来翻去找桂花。找到了一朵桂花，他小心翼翼地舀起来放进嘴里，心满意足。其他的孩子也开始尝试找桂花，但没有找到，略有失望："哎呀，我没有吃到。"

就这样，孩子对甜甜的桂花产生了强烈的好奇：为啥桂花闻起来香，吃起来还甜呢？为了满足孩子们的好奇心，老师安慰说："没吃到也没关系，我们可以自己动手试试，也来做一做甜甜的桂花呀。今天，大家可以回家问问大人甜甜的桂花是怎么做成的。"

第二天早上一到幼儿园，大家就忙开了。他们带着器皿分头去收集桂花，再把收集到的桂花用清水冲洗很多遍，晾干后放在筛子里，小手左右摇动，一下又一下打圈，桂花梗就从筛子眼里掉下去，而桂花就留在了筛子上面。接着把筛好的桂花放到小碗中，放入一些白糖，将两样东西混合在一起，用勺子搅呀搅，一边搅一边说："糖桂花，变！变！变！"边说边搅边笑，仿佛在唱着劳动号子。有的孩子拿来了透明的玻璃罐，往里面装筛好的桂花，一层桂花一层糖；还有的孩子拿来了小罐蜂蜜，往蜂蜜里加桂花；还有的玩出了五把桂花、五把白糖的桂花塔！

虽然孩子们制作桂花的方法略有不同，但是他们都在尝试用自己了解到的方法和准备的材料，体验用糖和桂花表演魔术。

老师的话 探究源于好奇，始于发现。孩子们因为有了好奇，才会对一件事情产生兴趣和探究的欲望。在这一次活动中，年糕里的桂花引发了孩子的关注。这与前期班级开展的"桂花"主题有一定的关系，孩子们从寻找桂花、收集桂花等各种活动开始，开启了探究桂花的活动。桂花成为这一阶段孩子们关注的对象，是孩子们感兴趣的事物，孩子们在吃桂花糖年糕的时候关注到桂花，并有了这一次对制作糖桂花的探究。

在这一次制作活动中，孩子们自己了解方法、准备材料、亲身体验，在收集、清洗、晒、筛后，和同伴一起用不同的方法制作糖桂花。有的用了白糖，有的用了蜂蜜，看似方法略有不同，但是制作方法的本质是一样的。这是孩子们将新经验转化成自身经验必须经历的过程，更是新经验产生的学习探究过程。因为有了好奇，才有不断的新探索；因为有了探索，才有层出不穷有意思的事。糖桂花的制作让老师深刻体会到孩子好奇心的重要性，让老师发现了孩子沉浸于探究的魅力！小心呵护孩子的好奇心，创造机会支持孩子探究，培养眼里有光的儿童。

【故事12】原来午餐是这样来的

编者说 了解、感受、体验能让孩子们更加热爱生活，更加珍惜当下，懂得感恩。

新鲜初探，幼儿园里的午餐是怎么来的？

今天要去参观幼儿园的食堂，孩子们别提多好奇了。幼儿园的食堂是什么样的？和家里的厨房有什么不一样？带着一大堆的疑问和猜想，我们走进了幼儿园的厨房，踮起脚尖，睁大了眼睛，仔细打量着眼前的一切。食堂的叔叔阿姨正在洗菜，"1、2、3、4、5、6……"哇，原来整个幼儿园小朋友的菜有那么多！洗完菜还要把它们切好，放到锅里煮熟……午餐是两菜一汤，还有一碗米饭。叔叔阿姨们要马不停蹄地忙活一上午，才能按时为我们带来美味丰富的午餐，真是好辛苦呀！

于是，孩子们决定来做一些力所能及的事，帮帮食堂的叔叔阿姨们。

第二天，他们从食堂搬来了中午要吃的大白菜，自己动手将白菜叶子一片片掰下，又小心翼翼、仔仔细细地给每片叶子洗了个澡。这可是个大工程。幸亏人多力量大，终于赶在晨间活动结束前将白菜都洗干净，并抬到了幼儿园食堂，好重啊！

那天中午，整个幼儿园小朋友的菜盘里都盛上了用我们洗干净的大白菜做的菜！

吃饭咯！吃饭咯！大家拿着勺子大口大口吃着饭和菜，冠成、航航总是能把饭菜吃得干干净净，天天、多多能自己动手吃饭了，糖糕愿意尝试自己不喜欢吃的肉了，均泓吃饭的时候更加专心了，君君比以前吃得更多了……

老师的话 幼儿的学习是以直接经验为基础的。美诉课程注重幼儿直接感知、亲身体验、实际操作的学习方式，珍视生活之于幼儿的独特价值，在以四季生活为内容的课程中，让幼儿回归生活、感受生活，从而懂得珍惜和感恩，也更加热爱生活。

每天中午，摆在孩子们面前的都是现成的饭菜，他们对饭菜背后他人的努力毫无察觉，也从未踏足过幼儿园的食堂。老师让幼儿走出教室，走进食堂，用自己的双眼看到幼儿园食材数量的庞大、烹煮食物的烦琐过程、食堂的叔叔阿姨工作的辛苦和努力，明白饭菜是经过多人的辛勤劳动才来到自己面前的，懵懂地感受到中午能按时让大家吃上香喷喷的饭菜是一件非常不容易的事，感恩于自己被这样认真对待，体会到自己是如此幸福。

接下来老师又给孩子们提供亲身参与食堂劳作的机会，让他们用自己小小的力量去帮助食堂的叔叔阿姨，也在此过程中进一步体会到食物的来之不易。当品尝到自己的劳动果实时，他们对食物又多了一分亲近和感恩，与之联系得也更加紧密了。

【故事13】最简单的绳子，最有趣的玩法

编者说 也许孩子并没有意识到，往往有趣的并不完全是玩什么，而是"玩什么"产生的过程……

大班美诉主题"我的游戏我做主"，旨在通过让幼儿对幼儿园室内外游戏的经验集结和梳理，帮助他们形成对"游戏"的概念，最终让幼儿成为幼儿园游戏设计的主体，并通过美诉的方式对幼儿园户外自主游戏内容与场地进行再设计。

起初，老师包括孩子都没有明确探究活动的主体。直到有一天，一个叫Bong Bong的小朋友站在桂花树下，跳绳时绳子不经意打到了上方的树叶和桂花，大片的桂花撒了下来。不少小朋友看到这一场景，忍不住大喊："哇，好漂亮啊！下桂花雨啦！"这也使得Bong Bong更加起劲地跳绳。嗯？桂花雨？绳子还能有这种玩法？这样的举动不禁引起了几个比较活跃的孩子的关注，他们也想试一试。

老师：跳绳时无意间形成的景象可以让大家这么开心，原来跳绳可以是一件很有趣的事情，那你们还能有哪些更有意思的玩法？

煊：一个小朋友踩着绳子，另一个小朋友拉着绳子围着他转圈，这样可以把他围起来。

袋鼠：可以把绳子对折再对折，变成短短的，然后塞到裤子里，其他小朋友来追，玩揪尾巴的游戏。

高登：两个小朋友每人拿住绳子的一头，站在两个地方玩拔河的游戏。

大家开始了绳子的创意游戏，每次跳绳都会把自己能想到的绳子游戏玩一玩，常常玩得哈哈大笑、大汗淋漓。两天后，曲奇走到老师面前凑近说："老师，我觉得这里的绳子游戏我都玩遍了。能不能把绳子拿到拓展区？因为那里的绳网也是用绳子做成的。我们也可以用绳子来做这些玩具。"

于是孩子们在拓展区展开了一系列绳子游戏。曲奇的行动力和想象力在活动中凸显出来。她将绳子从攀爬绳网最高处的洞洞中穿过，再把垂下的绳子两头打一个牢固的结，双手拉住绳子脚踩打结处，变成了一个站立式的秋千，得到其他小朋友的喜爱。同时也出现了更多利用绳子和其他物体探索游戏的创造者。他们在两棵树之间上下各绑一根结实的绳子走一走，或者用绳子做吊床躺着摇一摇，玩法越来越多，探索欲望也越发强烈。

孩子们设计的绳子游乐园（部分）

老师的话 活动素材的选取要以幼儿的兴趣为出发点。孩子感兴趣的事物与现象才能激发孩子系统、深入地持续探究。生活与兴趣相结合、经验与好奇心相融合，才能极大地激发孩子探究的积极性和欲望。有趣的活动从孩子中来。我们观察孩子们平时的活动，从他们的兴趣出发，才能开展更加适宜的活动内容。

绳子是孩子们感兴趣的玩具。从孩子中来，再到孩子中去，老师根据孩子们在游戏过程中出现的状况、问题，帮助孩子去发现、提炼游戏材料和有效运用工具，再重点提升、积极引导,让孩子尽可能多地了解游戏、重构游戏,发现游戏工具的多种可能性,提高孩子们的游戏能力。在有了一定经验后,孩子们在场地中游戏也能更加得心应手。

随着绳子游乐园的创建和绳子游戏的开展,孩子们在群体活动中积极、快乐地游戏,产生丰富有趣的玩法,不断调整游戏的玩法。他们不满足于已完成的游戏创造,不断向着更远的方向前进!

【故事14】这是啥

编者说 呵护孩子的好奇心,提供多样的观察方法,让孩子们自主选择、自由探究,并获得个性化的成长。

3月初正值马兰头、荠菜生长的时节,孩子们特别好奇它们"到底长什么样,都长在哪里"。

老师找了关于马兰头和荠菜的视频、图片等,让他们对这两种野菜有一个基本认识。家长们则带着孩子外出去不同的地方实地寻找。

有一次晨间谈话:

老师:你们在哪里找到过马兰头和荠菜啊?

思远:奶奶周末带我去了植物园,那里有。

果果:老师,那我们幼儿园有马兰头和荠菜吗?

老师:你们自己去找找不就知道啦!

于是孩子们出发去幼儿园的角角落落寻找马兰头和荠菜。

有有:老师,我发现幼儿园里没有马兰头和荠菜。

小远:植物园里有,我们去那里找吧!

得到老师同意后,孩子们兴高采烈地出发去植物园寻找马兰头和荠菜。到了植物园里的大草坪上,孩子们一个个停住了脚步,弯下腰,左看看,右看看,确认脚边没有马兰头或荠菜才继续

寻找野菜

往前走。突然，有几人蹲了下来，围着几束野菜讨论着："这是荠菜吧。"

"这不是荠菜，我奶奶说荠菜的叶子像鱼骨头。"

"这个叶子这么大，一点也不像鱼骨头，那肯定不是荠菜。"孩子在辨别荠菜。

此时，有尖叫声传来："我找到马兰头啦！"孩子们听到声音，立马飞奔过去，一个个探着脑袋、瞪大眼睛观察着。突然其中一个孩子眼睛放光，激动地说："这个叶子有点毛毛的，还有尖尖的小点，真的是马兰头。"于是，其他人蹲下来看一看、摸一摸，轻轻的，就像在呵护自己的宝贝，仔细观察着马兰头。

"你们快来，我发现荠菜了。"于是，又一大拨人闻声赶到那里去了。

"这是荠菜吗？"

"我确定，你看，这个叶子像鱼骨头，而且像蜘蛛网一样。"

……

在这里，孩子们发现了很多马兰头和荠菜。

"我要把马兰头拍下来好好看看。"说完拿着拍摄工具开始"咔嚓"地忙碌了起来。

"我觉得荠菜的叶子很特别，我想要画下来。"说完就一动不动地盯着荠菜叶子，边看边画。

"马兰头和荠菜有什么不一样的地方？"有些孩子设计了表格将两者进行了对比。

孩子们选用了自己喜欢的方式观察、探究并乐在其中。

| 触摸 | 拍照 | 写生 |

老师的话 自主选择、自由表达是美诉主题开展的原则之一。为了满足孩子们的好奇心，老师带领着他们在幼儿园、植物园等多地寻找马兰头、荠菜等野菜；为了孩子们能更好地自主探究，老师提供了不同的观察方法——相机拍摄、写生和表格记录，支持他们的个性化表达。观察时，孩子们或蹲或站或趴，一动不动。他们观察马兰头和荠菜并梳理出了两者的特征：马兰头的叶片上面有一层白白的毛，叶子两边有很多小小的尖尖头；荠菜的叶子像鱼骨头，也像蜘蛛网一样散开着。孩子们用自己喜闻乐见的方式观察、记录，运用自己的经验和知识判断、探究。这份热情很有感染力，也很美好。

主题会结束，但孩子们的探究、表达、观察不会停止。他们会在新的美诉主题中继续学习、继续成长！

【故事15】芽苞苞会长成叶子还是花

编者说 眼里闪着光的儿童总能发现世界的神奇之处，而帮助儿童更多地去看见、思考和探究、发现，会让那些光更坚定、更有力量。

这几天，李子树的花开得正好，孩子们在树下观察时有了一些新发现。

阿乐：咦，李子树的树干上冒出了很多绿色的芽苞苞！

听到阿乐这个发现后，孩子们纷纷围上前来观察树干上的绿色芽苞。

诗诗：你们快来看啊，树枝上也有很多这样的芽苞苞！

呈呈：这是要长叶子了呀！

老师：你是如何判断这是要长叶子了呢？

呈呈：这就是要长叶子了呀，本来就是这样的。

JOJO：规律就是这样的，植物生长是有规律的呀！

老师：哦？JOJO提到了植物的规律，那你们知道到底是怎样的规律吗？回家以后可以和爸爸妈妈一起探讨一下这个问题，然后告诉大家你的想法。

第二天我们再次针对这个问题展开了讨论。

老师：我们昨天发现的芽苞苞到底是会长出叶子还是……？

芯芯：我问了妈妈，李子树就是先开花的，还有很多植物也是先开花再长叶的，所以这些还没打开的芽苞苞会变成叶子!

JOJO:我也查了资料!除了先开花的植物,也有些植物是先长叶子再开花的。

……

老师小结:看来你们的发现都不少!李子树是先开花的,因为它的能量都储存在花苞里了,所以花苞先长;还有一些植物的芽是叶芽,是先长叶再开花的,比如幼儿园里的山楂树。当然,也有一些是混合芽,就是花芽和叶芽一起长的。就像JOJO说的,不同的植物有不同的生长规律。

结合图片,听过详细讲解后,孩子们带着新学到的知识到幼儿园里去寻找、分辨更多的花芽、叶芽和混合芽了。

惊喜发现的声音在各个角落响起:"老师,这一看就是花芽!""大家快过来,这是不是混合芽?""哈哈,我也发现叶芽啦!"

老师的话 从发现并提出问题到完成自我答疑是幼儿解决问题与习得新经验的过程,我们能看到浸润在美诉课程中的幼儿以好奇心看世界的闪烁"眼光"。

确定了班级观察对象以后,孩子们总是主动跑到李子树下看看。于是,他们敏锐的眼光总是能捕捉到李子树发生的点滴变化,聚焦于"芽苞苞"的问题也越来越多。从发现了不同的芽苞苞开始,孩子们基于前期经验展开主动的思考与猜测,随即自主地通过多元渠道收集相关信息,最后在信息共享过程中解决共性问题,并将新经验投入应用。幼儿通过自己的能力提出问题并解决,是主动吸收新知识并将之深刻内化的过程,也表现出了幼儿的发现之光、思考之光。

从幼儿提出问题开始,教师始终坚持"留白"在前:面对幼儿的问题先不予回答,而是引导他们自主思考与收集相关信息。当幼儿在集体活动中共享了信息,大致解决问题后,教师再进行梳理和小结,帮助幼儿较为系统地吸收新经验。幼儿习得新经验时,教师仍"留白"在后:让幼儿到真实体验中去验证,更好地内化和巩固新经验。

孩子闪着光的双眼发现了世界的诸多奇妙,在一次又一次探索中自主解决了问题,拥有了更多认识世界的能力。

亲爱的孩子,你的小眼睛真亮呀!

"心中有爱、眼里有光"之"明天我就会长得很大很大"

我们的孩提时代总是在对自己的过高期待与现实能力之间的矛盾纠缠中度过，每个孩子都以为自己已经长得很大了，所以他们可以像妈妈一样搽口红、穿高跟鞋，像爸爸一样打领带、刮胡子了。一般情况下，他们绝不承认自己的弱小，他们在跌跌撞撞中自信地向前奔跑。老师要做的就是放飞他们的思想，保护他们的身体，让他们大胆去尝试亲历和学习，无比坚定地相信他们能成为自己想象中的那个样子。

而在这个过程中，老师也和孩子一起不断成长。

【故事16】我们有一百种办法嘞

编者说 现实永远是多变的，当孩子遇到问题，小脑袋里有大智慧。相信他们的办法远比困难多，他们能够按照自己的需要寻求办法，获得帮助。

随着"向日葵"主题的逐步推进，孩子们开始了对"向日葵"的多元表达。大三班的教室里，一片忙碌的身影……

鑫鑫的"雨伞向日葵"

鑫鑫想做一棵"雨伞向日葵"。当他表达自己的想法后，老师觉得不错，就提醒："那你接下来需要做什么呢？""准备雨伞！"第二天，他带来了一把镂空的伞。鑫鑫尝试制作，但失败了，难固定、难上色、难操作！鑫鑫显得茫然无措。老师问："鑫鑫，怎么办呢？"鑫鑫想了一下说："这把伞不适合！我让爸爸再找一把，这下我得告诉他我的要求。"第三天鑫鑫拿来了新的雨伞，重新开始尝试。没几天，一朵鲜艳夺目的"向日葵"绽放啦！鑫鑫自豪地对同伴说："看，我的向日葵雨伞做好啦！很漂亮！下雨天我们可以撑着向日葵雨伞一起出门了。是不是很好玩呀？"

花卷的"大"向日葵

花卷做的向日葵是体积最大的。当花卷选好了背景色，根据图纸进行排版时，发现原先设计图上的两朵向日葵，现实中只能摆下一朵，因为板子不够大。花卷看着板子在想些什么。老师悄悄问："现在怎么办呀？"花卷想了一会儿说："那就摆一朵。这样方便，不用再等了。"于是花卷修改了计划，完成了他的向日葵拼接。第二天，看着拼接完成后边上有些空白，花卷又说："我觉得这里好像有点白，要加些东西。"他左顾右盼，看了看其他幼儿的作品，试图寻求一些灵感，最后选择用线描方式进行装饰。

根据自己的设计稿和老师一起商量制作方案

花卷用材料把向日葵拼起来

花卷在向日葵上进行线描画的装饰，不断改进

雅涵的撕纸向日葵

雅涵用撕纸的方式来制作自己的向日葵：将黄色的纸撕成向日葵的花瓣，绿色的纸撕成叶子，棒冰棍、扭扭棒作为杆子。当老师以为雅涵会继续做下去的时候，雅涵却停了下来："我有点不清楚到底有没有完成。"于是，她把好朋友们叫来。Coco说："雅涵，向日葵的花瓣太少了，后面白色的底板都露出来了。"妹妹说："雅涵，左边那里太空了，可以画一些大树、房子。"雅涵说："我不想要大树和房子。"老师说："那你想要什么呢？"雅涵说："我想再加一朵小小的向日葵！"

参考了同伴的部分建议后，雅涵有了新目标，让自己的向日葵更加有层次感，看起来更丰富，于是继续制作。不久，雅涵完成了作品，受到了好朋友们的称赞。

老师的话 别看孩子小，他们的学习能力可真不小。他们运用自己的方法，永远走在解决问题的前进路上。他们双眼专注有神，灵巧的小手不断地创作着，每个人的身上都充满干劲。因为心中有对向日葵的憧憬，他们坚信自己能完成最棒的作品。

光靠信心自然是不够的，老师还要引导和支持他们去寻找更多的方法。当鑫鑫遇到雨伞的问题时，他没有慌张，寻求最亲近的人的帮助，家长的行动给了孩子无声的支持。当花卷发现实际和设计有冲突时也没有放弃，而是根据情况做出判断，舍弃了原稿中的一朵向日葵。不纠结，适当的舍弃可是生活中的大智慧。在一次小小的美诉表达中，也能折射出生活的哲理。不仅如此，孩子们还懂得反思，知道通过倾听别人的建议，选用适合自己的内容，让自己变得更好。

【故事17】午餐分享会——吃个饭没那么难吧

编者说 尊重孩子，情感为先，积极愉快的情绪能帮助孩子更好地面对生活和学习。

饭桌旁的"苦瓜脸"

午餐时间，小朋友们坐在饭桌旁开始进餐。老师说："哇——西蓝花需要剪头发啦！谁能剪得快？""哟！看，虫虫嘴巴那么大。"可是半个小时过去了，还有一部分小朋友坐在饭桌旁上和自己的午饭"较劲"：有的对着餐盘暗自皱眉，有的眼睛看向远方似乎在发呆，有的嘻嘻哈哈和邻座的小朋友聊着天，有的嘴里含着一口饭嚼了半天还没有咽下去……

唉，吃饭好像真的有点不那么讨人喜欢呢！

打开话匣，轻松聊一聊"吃饭"这件事

这天午饭前，邵老师正忙着分发热腾腾的饭菜。老师和孩子围坐在教室，聊起了"吃饭"这件事。

老师说："马上就要吃饭了，谁愿意来分享一下你现在是什么心情呢？或者说起吃饭，你会想到什么？"

"我很开心，因为我肚子刚好饿了。"有人说着，摸了摸自己的肚子，腼腆地笑了。

"我也很开心，因为我什么都喜欢吃，吃得很快。"虫虫自豪地说。

小朋友们你一言我一语，聊天的氛围火热起来，不过好像热闹的就是几个孩子，那其他没说话的孩子呢？

"多多，要吃饭了，你心情怎么样？""嗯……"多多看了一眼老师，没说话。老师让多多到自己身边，满脸笑意地又问了一遍，眼神里充满了鼓励。

多多说："我不太喜欢吃饭。"

老师问："为什么呢？"

"我觉得吃饭太麻烦了，我吃得有点慢。"多多说着，又不好意思地笑了。

接着老师又请了几个刚开始保持沉默的小家伙来到身边。

"要吃饭了，我会有点担心，因为我怕有自己不喜欢吃的菜。"

"我怕把衣服弄脏了，我老是把衣服弄脏，还有桌子，还有地上。"

……

小朋友们一开始有点支支吾吾，但说出自己的想法和担心之后都会腼腆地笑笑，然后快速坐回自己的位子。听的小朋友呢？也都眯着眼睛，哈哈哈地笑着。

热情满满，分享我"最爱吃"的菜

早晨来园，班里的小朋友一个个都带着或大或小的便当盒，不同材质、不同颜色、不同花纹……唯一相同的是，里面都装着香喷喷的美味佳肴。这些菜肴是昨天放学后孩子们和爸爸妈妈一起去菜场买了材料，洗洗、择择一起做的。

午餐时间，孩子们合作将教室里的饭桌摆成了一排排长桌，又取了几个漂亮的玻璃瓶洗干净，插上了几束清新的花朵，音乐徐徐传来……看着大家一起精心准备的午餐桌，糖糕不禁感叹："哇，好浪漫啊！"一下子所有的小朋友都你看看我、我看看你，"咯咯咯咯咯咯"地笑了起来。另一边，小朋友带来的菜肴被摆成一长溜，大家拿着菜盘选自己喜欢吃的，回到座位上大快朵颐起来。"我还想吃！""我可以再吃一碗吗？""太好吃了！""今天吃饭好开心啊！"……

教室里洋溢着一张张满足而灿烂的笑脸，"吃饭"这件事变得快乐起来……

老师的话 让孩子感受生活、享受生活、热爱生活是美诉主题坚持的目标。我们希望通过主题的开展，让孩子们感受到对成长、生活的热情以及对未来的希冀。面对进餐问题，有的时候孩子们"只是"觉得自己"吃饭不好""吃饭不开心""吃饭是困难的"，而忘了自己到底为什么会"不喜欢吃饭"。在宽松自在的氛围里，老师用真实的情境让大家围坐在一起，自然地生发出对吃饭的真实情感，不受拘束地表达自己对吃饭的真实感受。在这样的交流和表达中，老师了解了孩子们的想法和感受，而孩子们则更明晰了自己到底是因为什么才不喜欢吃饭，也了解到原来还有许多小朋友也有着相同的困惑。在清楚原因之后，解决问题似乎就变得容易多了。

接下来，老师又从最容易引起孩子们进餐积极感受的"最喜欢吃的菜"入手，让孩子们投身到购置食材、烹饪、布置就餐环境的过程中去，让他们发现原来做菜也是很有趣的。第二天的"自助餐"是难忘的体验，一切变得浪漫而温暖，自己动手制作的琳琅满目的菜肴，鲜花音乐浸润的浪漫饭桌，小伙伴们满脸笑容地大口品尝、啧啧称赞，一切都变得无比美好！原来，吃饭可以这么开心！让孩子们感受到吃饭的快乐，才是让他们喜欢上吃饭、吃好饭最关键的方法。

【故事18】我们会做青团啦

编者说 孩子对自己充满信心和期待，相信自己一定可以做到。一旦确信了自己的能力，他们就会通过各种努力来解决问题，完成任务。

前期孩子们在植物园里剪了很多马兰头。那这些马兰头可以用来做什么呢？孩子们经过激烈讨论，最终投票决定制作马兰头青团。于是大家分成了购物组、剁馅组、洗菜组、和面组和帮忙小队。每一个小组自己商量、讨论，想办法解决遇到的困难。

时间来不及的问题

购物组组长芒果：我们只有半个小时时间，要买的东西很多，真的来不及。

天天：有些东西可以在一个地方买好的。

茜茜：对。比如蔬菜可以在同一个地方买。这样就不用跑来跑去。

有有：我们还需要一张购物清单。但不用按照清单的顺序买，我们看到了需要的东西就可以买，买好可以打钩。

购物组清单

水池堵住的问题

洗菜组组长诚诚：我们要分工，有人负责剥笋壳，有人负责清洗，还有人负责清理垃圾。这样才不会堵住水池。

甜甜：是的，在水池里剥壳，很容易堵住的。

丹丹：我们还可以在水池边放个垃圾袋，看到有垃圾就马上捡起来。

不会和面的问题

和面组组长小远：和面比我们想象中的要难多了。

威廉：我们可以上网查一下，就知道放多少粉、多少水了。

洗菜组成员在讨论解决问题的办法

点点：我放学回家问问外婆，她肯定知道。

小远：我奶奶也肯定知道，我先回家试一试，学会了明天教你们。

其他组成员在组长的带领下也在努力想办法解决遇到的问题。他们一个个显得经验十足，似乎没有什么事情是他们不会的。

终于，万事俱备，孩子们迎来了马兰头青团日。这半天，他们根据计划表做着自己的事情，忙得不可开交。

马兰头青团日计划表

和面组组长在教组员和面

制作时，孩子们个个小眼睛不离手中的青团，轻轻地揉一揉，把美味的馅料放进去，最后捏一捏、揉一揉。美味的马兰头青团就制作完成了。

欣赏时刻：

"你看你看，这个是我做的，菜都有点露出来了，但还是很好看的。"

"这个是我做的，我做的特别圆呢！"

"我给青团做了两只小耳朵，我觉得这样很可爱。"

马兰头青团日计划表	
8:00—8:30	购物组买菜
8:30—9:00	洗菜组洗菜
9:00—9:30	剁馅组剁馅
	和面组和面
9:30—10:00	炒菜
10:00—11:00	集体制作马兰头青团

"我的青团做起来总是破,应该是我面没有和好,下次我再努力和得更好一点。"

……

分享时刻:

"我吃到自己做的啦,太开心啊。"

"我还想再吃一个,太美味了。"

"哇——这个比店里买的好吃多了。"

……

孩子们一边品尝着美食,一边谈论着,个个脸上笑开了花儿。

孩子们品尝青团

老师的话 班杜拉认为,个体学什么不学什么,取决于个体对行为的期待。孩子对自己某一行为的能力有一定的判断力,从而会产生一定的自信。培养孩子的自信心和解决问题的能力一直是我们努力的方向。在制作马兰头青团的过程中,老师先运用了"方案教学"策略,跟着孩子们的脚步,通过分组探讨、多次实践的方式,支持孩子理清自己的任务。实践中虽然遇到了很多困难,但他们一点也没有气馁,组内成员经常相互鼓励:"没事,我们一起想办法解决,办法总比困难多。"积累了多次实践经验后,他们做出来的马兰头青团无疑是成功的。老师扮演着参与者的角色,参与到每一组的讨论中,通过"关键性提问"来帮助他们梳理问题。当看到孩子们严谨认真地对待每一个问题、努力寻找最佳的办法来解决问题的样子;当看到每个孩子都有事可做、小组成员间默契配合,都在为了制作马兰头青团忙碌而又喜悦的样子,美诉课程的价值与魅力也就体现出来了。

【故事19】"新教师"的懵懂小班生活

编者说 孩子在长大,老师也在成长。在相处中,孩子变得更懂世界;在互动中，老师变得更懂孩子。

白白初来幼儿园时是比较抗拒的。在两个月的熟悉后，白白不哭不闹了，但老师跟白白说话，白白会扭头走开；老师喂白白吃饭，白白一口不吃；老师请白白去跟小朋友一起坐着，白白不愿意……面对这样的白白，从没带过小班的老师虽然一直在努力，却总没得到反馈，老师的确有点丧气。

一天，我们去浙大校园内"寻秋"，外婆抱着白白来到草地上。看到陌生的环境，他再次哭了起来。老师抱抱他，与他一起来到小朋友较少的地方休息。老师注意到，他戴了副红眼镜，便尝试靠近他。可是当老师一靠近，白白马上抗拒似的把眼镜放下；当老师离远时，白白又戴上了。老师心想，这次的主动出击可能又没有效果了。"蓝天白云，红天白云！"白白轻轻地说着。听到这话，老师心一惊，"蓝天白云"这个词昨天老师带小朋友们户外活动时曾提到过，当时的白白看似并没在意，可现在老师发现，他不仅在意了，还学以致用了！"怎么可能是'红天白云'，明明是蓝天白云！"老师大声说道。"白白看的就是红天白云！"……老师质疑，他肯定，一来二去，老师戴上了白白的红眼镜。"你这副眼镜真厉害！""是的！我还能看到红花嘞！"白白戴上眼镜指着黄花说道。

回园路上，白白只要一嘟哝，老师就在一旁有一腔没一腔地搭话，听他说绿果子，听他把银杏叶叫成菠萝叶，听他说最爱的颜色是南瓜上的橙黄色，听他说最不喜欢教室里那几棵看起来很伤心的向日葵……

老师的话　"等待"与"倾听"是美诉课程中老师需要一直保持的状态。我们常说等待儿童、倾听儿童，其实我们何尝不是在等待一个更成熟的自己呢？对小班孩子来说，在新融入的集体中生活、学习是第一次，而对许多第一次接手小班的教师来说，面对低龄、稚嫩的孩子也不是件易事。不愿意表达的他、天真烂漫的他、爱生闷气的他……对小班老师来说，更耐心的等待和更细心的倾听是重要的。面对个性很强的白白，老师在两个月中每天都尝试各种策略和他交流，经历着不断的"失败、调整、再来"。这一过程不仅是与孩子的交流，更是教师审视自己的教学行为的过程。

所以说，美诉课程"脚下带风、脸上带笑、心中有爱、眼里有光"的目标，在尊重儿童成长速度的同时，其实也在尊重老师的发展速度。美诉主题的每一个活动，都力求孩子能更完整地展现自己，老师能更进一步地了解身边的孩子。美诉主题不仅让孩子们展示真实的自我，也让老师有机会在与孩子的亲密接触中，悟出与他们交往的不同方式，有时间去调整自己，成为他们心中值得信赖的老师。

现在的我们，会对一些"小事"感到惊讶并深究到底；现在的我们，会对一句话"大做文章"……在发现孩子的丰富感受、独特表达、瓷意创造后，作为旁观者的教师也在孩子们的影响下，潜移默化地成为一个更好的周围人，成为孩子身边独一无二的存在。

第四章　美，有一百种表达

儿童用心感受一切，审视自己和这个世界。他们在探索中懂得美，用语言、表情、肢体动作以及各类作品等去表达美。让我们一起去静心体会这些作品，慢慢走近孩子身边，回放、体验他们的情绪、认知和诉求，走进他们心里，去发现和懂得童年的美！

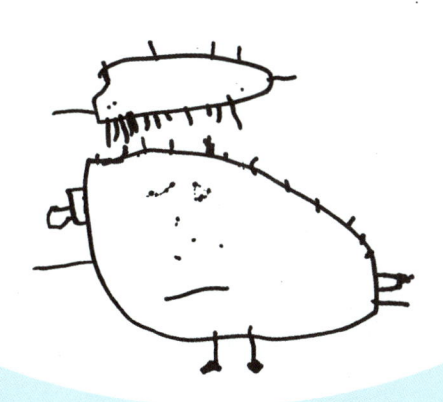

儿童，是天生的哲学家

儿童经常语出惊人，他们用自己的方式理解"我是从哪儿来的"；他们真实而独特地表达对自我、对朋友的认知和情感；他们是天生的哲学家，内心细腻而柔软，行动认真而迅速……他们敏锐地感受、洞察和表达对世界的认知，用自己的方式来构建自己的世界。儿童，是哲学讨论中出色的发言者，他们可以成为我们认识世界的窗口……

1. 我眼中的"我"

孩子从出生开始就从未停止过对"我"这个独特个体的探索。他们从用嘴和手探索自己的身体，逐渐发展到关注自己的内心。他们好奇"我是什么"，慢慢发现"我就是我自己，世界上只有一个我"。他们善思考、爱提问："生气是什么？""生气就是为某一个目标发脾气，争吵。""爱是什么？""爱就是一个人走过来，你感觉你马上喜欢上他了。""伤心是什么？""伤心就好像女孩子的花枯萎了一样。"在孩子眼中，"自我"是可见、可知、可感的，情绪是可视、可触、可具象化的。一切概念里似是而非的解释，在这群小哲学家的眼中都有了答案。

编者说 引导儿童逐渐建立起自我认同感，能悦纳自我、及时抒发情绪情感，是一项非常重要的教育工作。在丰富的主题活动中，教师有意引导儿童了解和发现自我，正视自己的真实情绪情感，鼓励儿童通过多种方式表达对自我的认知以及抒发情绪情感。

周钰涵（4岁9个月）：这就是我，我和别人不一样。

姚思宇（4岁3个月）：害怕就是在黑黑的夜里什么也看不见。

陈澄（4岁2个月）：生气就是我不要和你玩。

舒淇笑（4岁5个月）：梦想就是我长大要做一个什么样的人。我的梦想是做宇航员。

王培森（5岁2个月）：幸福是爸爸每天陪我玩。

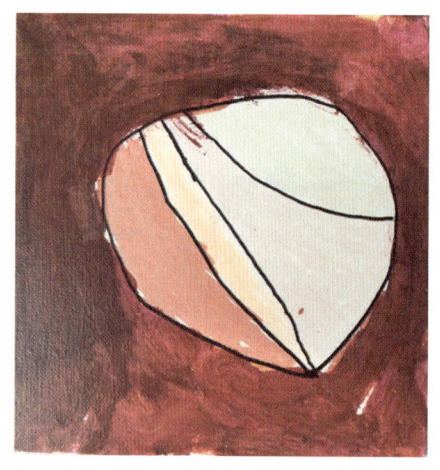

张晋泓（4岁11个月）：孤单就是我在一个地方，没有人陪我玩。

杨曦然（4岁8个月）：烦恼就是乱糟糟的感觉。

管惟涵（5岁1个月）：难过就是心里灰蒙蒙的，像要下雨一样。

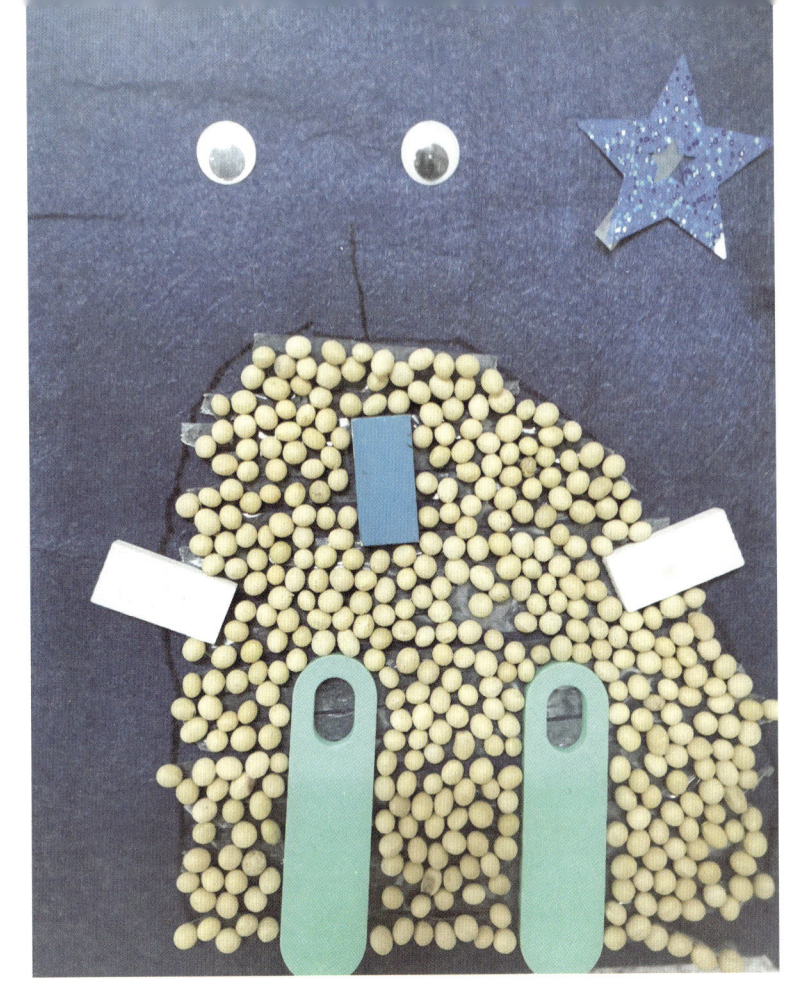

王骏睿（5岁7个月）：快乐就是我的心中有星星冒出来。

孙嘉译（5岁1个月）：爱就是我们在一起。

王添任（5岁2个月）：生气就是我想大喊大叫。

王洛轩（5岁）：开心就是想跳舞。

2. 我眼中的世界

儿童把自己以外的所有看作"世界"，他们满怀好奇地注视着自然和社会的变化，心中有无数的问题需要解答：宇宙是什么？云怎么来的？朋友是什么？什么叫永远？……老师们从不代替儿童思考，而是在课程中通过环境创设、材料提供以及适时支持去引导儿童自主探究，让他们通过自己的思考去观察、了解世界，用自己的方法去解答疑问，验证和表达他们"眼中的世界"。

编者说 儿童对于世界充满了好奇，他们渴望了解这个世界，也尝试用自己的方式探索这个世界。作为幼儿探索学习的支持者、合作者，我们聆听童声、透视童真，鼓励孩子表达自己的好奇和发现，创设各种机会带领孩子走近、走进多彩的世界。

张月茜（5岁3个月）：朋友就是喜欢你，愿意陪你玩的人。

黄家皓（4岁10个月）：地球是圆的，我们周围的很多东西都是圆的。

高云（5岁2个月）：玩具就是能够带给我们快乐的东西。

陈稼蓉（4岁11个月）：时间就是从早上到晚上。

张胧月（5岁8个月）：长大就是我可以做自己想做的事情。

张晋泓（5岁3个月）：保护环境，就是保护我自己。

儿童，是天生的艺术家

儿童是天生的艺术家，他们大胆、自由，他们率真、烂漫，他们有天马行空的想象力，对于美有独特的认识。他们敢于创造、乐于表达，在艺术的世界中，儿童的表达引领老师走进儿童的世界……

儿童无时无刻不在通过特有的方式进行表达，只要有表达需求，老师们都会给予满足和支持，因此，园内的黑板墙、磁性墙深得孩子们的喜爱。自然，主题活动中随着主题推进而呈现的作品表达，更能体现儿童认知与情感的线性发展过程，成为老师观察、了解儿童的重要工具。

1. 写实

儿童对世界充满好奇和期待，他们在各种感官体验和探究中，努力去发现和了解这个世界。他们用独特的视角打量、审视，用自己的方式真实、细腻地表达对世界的认知。认真欣赏儿童视角下的世界万物，我们会惊讶地发现他们对于"写实"这一手法的运用简直是手到擒来。尽管他们还不懂画面物体的各类关系如何处理，但这一点都不影响他们用自己的方法既忠实地画出"自己所看到的"，又画出"自己所感受到的"，从而将主体的主要特征表达得淋漓尽致。

编者说 写实是幼儿绘画的主要形式之一，是他们基于对事物的充分观察、感知，客观地表达对自然环境、空间关系、物体形态和色彩等的认识。我们尊重并支持幼儿用写实的方式来表达对自我以及对世界的认识，"让幼儿成为描写现实以及自我内心世界的大师"。

幼儿园里来了一群喜欢阳光的朋友,它们有大大的脸庞和灿烂的笑容,它们每天迎着阳光,它们是谁?看看我笔下不同姿态的向日葵吧!

徐诗懿(6岁)

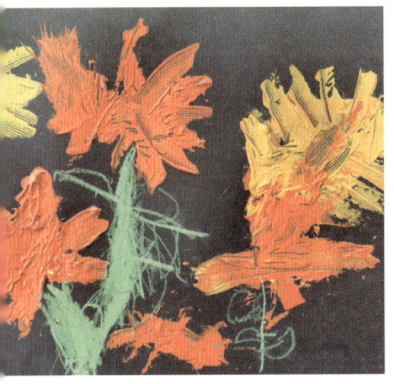

朱梓乐（5岁4个月） 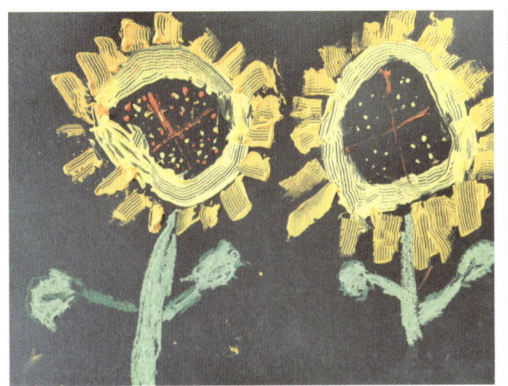 　　　　　李子墨（5岁10个月）  　　　　　陈一琳（5岁8个月）

葛艺超（5岁7个月）  　　　　　俞子墨（5岁9个月）

　　幼儿园里，花香四溢。咦？这是什么花儿？呀，原来是小小的、甜甜的桂花呀！

段雨奇（4岁10个月）

董文彦（5岁1个月）

胡博岩（5岁1个月）

我们的闻裕顺幼儿园，究竟是什么样的呢？像城堡！像飞船！还像……

刘妍君（5岁2个月）

赵悦合（5岁4个月）

我们的藕妹妹长大啦！长出了叶子，开出了花儿，好美啊！

曹靖雯（4岁1个月）

吴泽灏（4岁8个月）

金炜劼（4岁） 赵悦合（4岁2个月） 丁相辰（4岁1个月）

幼儿园里的金钱草、李子树欣欣向荣。

户馨怡（4岁11个月）　　　　　　赵悦合（4岁5个月）

幼儿园的生活真美好呀！

徐诗懿（6岁）

张胧月（4岁3个月）

我有一个梦想……

符怀瑾（5岁1个月）

黄榆媛（6岁2个月）

我爱我的朋友们，每天我和朋友们快乐地游戏、生活。

张芷君（5岁2个月）

李冠成（5岁2个月）　　　奚佳铭（4岁9个月）　　　黄金（5岁1个月）

过年咯，吃年夜饭、贴年画。

俞子墨、俞凝墨（5岁9个月）

小组合作

钱心语（5岁10个月）

孔舒扬（6岁4个月）

赵悦合（6岁4个月）

2. 写意

儿童是极具浪漫情怀的人，哪怕没有鲜花和蛋糕，只用石头和小草，也一样可以举行一场有趣的生日会。他们对于美的认识更加质朴和纯粹，不仅能够发现事物外在的特点，还能联结表象，洞察事物关系的本源。他们对于美的感受和体验，是生命最为自然的律动。

> **编者说** 写意是一种强调事物内在精神实质表现的艺术创作倾向和手法，也是幼儿艺术表达常见的形式之一。"一千个人眼中就有一千个哈姆雷特。"我们充分尊重、珍视幼儿的好奇和发现，通过多种活动充分调动幼儿的各种感官，促进幼儿对事物的进一步感知、观察、探索等，鼓励、支持幼儿个性化的表达。

"大笑脸"向日葵在儿童心中是什么样的呢？安静的，热闹的，抑或是深沉的……

曹若熙（5岁3个月）：向日葵像太阳一样，它很美，还让人觉得很温暖、很开心。

罗浅蓝（5岁7个月）：我心中最美的向日葵长得很高，很美，白云都围着它。

这是儿童心中的老师……

戴齐临(5岁3个月)：老师很高很高，比房子还高，而且我不知道的东西她都知道。

顾玥然(5岁4个月)：老师像一朵五颜六色的向日葵，她张开手臂和我们一起玩游戏，样子很好笑。

傅钦尧(5岁3个月)：老师会很早到幼儿园，如果小朋友没来，她会一直走来走去，如果小朋友来了，她会很开心。

我们惊喜地发现：养了好久的荷花，终于开了。

严若菌（4岁2个月）  张芷君（4岁7个月）

似火的红叶是秋的明信片，它告诉我们："秋天来了！"

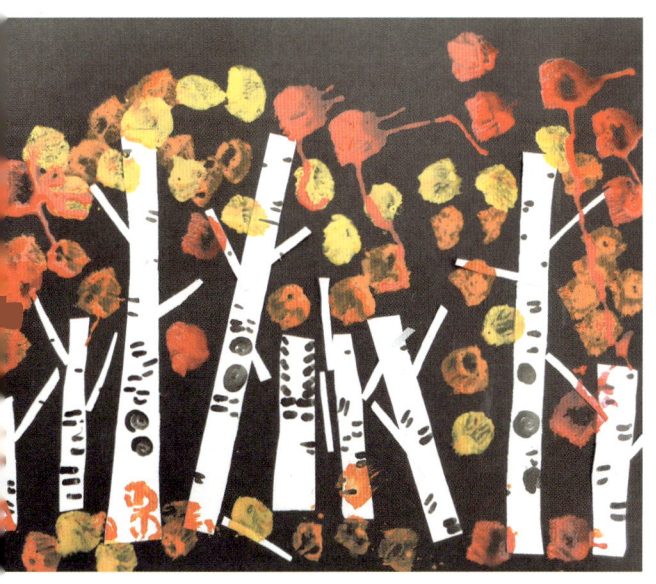

丁奕琛（4岁9个月）  朱宇哲（3岁2个月）

冬天，是一个寒冷而又热闹、神秘的季节。瞧，冰天雪地里有许多有趣的故事。

陈语墨（4岁6个月）

丁若安（4岁5个月）

黄弘睿（4岁10个月）

严浩洋（4岁8个月）

春天，一个充满生机的季节，蒲公英盛开，羊儿撒欢……

徐凌子（3岁11个月）

邵子朔（3岁10个月）　　　　王书菡（3岁7个月）

夏天的夜晚，萤火虫在飞舞，猫头鹰在低语。

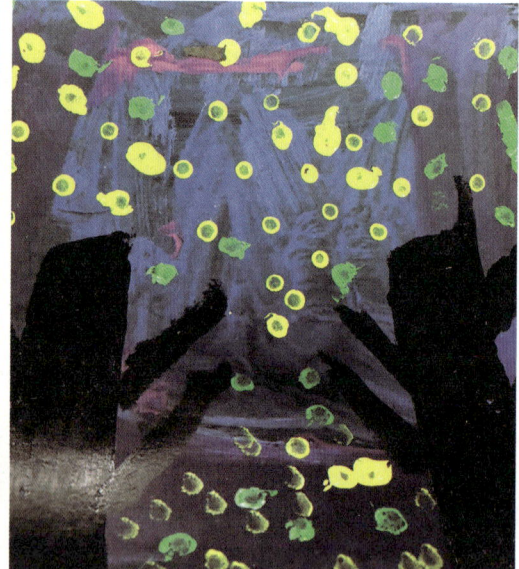

李禽悦（5岁4个月）　　　　邹雨辰（5岁1个月）　　　　袁呈烨（5岁7个月）

城市的夜晚，华灯璀璨，星星调皮地眨着眼睛……

方天冉（6岁2个月）

徐宥歆（6岁5个月）

万芊芊（6岁2个月）

小组合作

每天，我都会做梦。你想不想听听我梦里的故事，想不想走进我的梦？

沈世坤（5岁2个月）　　　　　张家航（5岁4个月）　　　　　田嘉沐（4岁11个月）

许子牧（4岁11个月）　　　　　　　　　　李禽悦（5岁4个月）

3. 创造

儿童对美的表达是开放和自由的。他们天马行空地想象、创造，自由洒脱地选用各种材料、方式。对美的表达和表现是他们认识自我和世界的方式。

编者说 创造性是艺术美的灵魂。我们重视幼儿想象力和创造力的发展，通过多种活动并以艺术表达、表现为载体，促进其发生、发展；我们支持幼儿创造性的表达，努力点燃幼儿创造性表达的"火种"。

咦？如果我的老师是一种动物，那她会是一种什么动物？

陈承（5岁2个月）：老师像一只小鸭子，她很温柔地给我们上课。

秋天给予了我们很多礼物，松果、橡子、红果子……用它们可以变出什么来呢？

钱奕杭（3岁3个月）：这是警察局。 　　万子淇（4岁1个月）：有四条弯扭扭的小蛇。

如果请你来设计园徽，你会怎么设计？看我们的吧！

厉威廉（5岁7个月）：闻裕顺小朋友大部分都喜欢画画，所以我设计了这个标志。标志上有 ART 和蜡笔，蜡笔上还有翅膀。蜡笔代表爱画画，翅膀代表蜡笔经常被人拿着画画，它很快乐，开心得飞起来了。ART 是英文，也代表爱画画。最后我用喷壶喷出蓝色，蓝色代表快乐又愉悦，也代表着小朋友们画画的形式有很多。

魏祉琪（5岁3个月）：我设计了一朵云，云里面有小鱼，代表闻裕顺小朋友很喜欢画画而且很有想象力。

刘淞源（5岁8个月）：这是一个发动机，代表闻裕顺小朋友像发动机一样爱创造，又有想象力。蓝眼睛代表可以"透视"很多东西，蓝鼻子代表可以传输很多信息。

设计完园徽，我来设计幼儿园。

小组合作

我是谁？我是什么样的呢？我的朋友们又是什么样的呢？

陈稼蓉（4岁11个月）　　　　沈芸煊（5岁9个月）　　　　张晋泓（5岁3个月）

不一样的鱼，一样的精彩。

徐子悦（5岁1个月）

沈世坤（4岁11个月）

周钰涵（4岁9个月）

陈泽凯（4岁5个月）

你见过星空吗？星空是什么样子的？是绚丽多彩的，是千变万化的！

邹雨辰（5岁2个月）

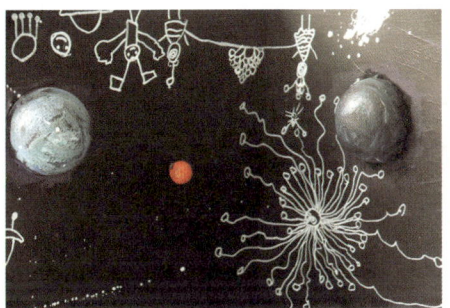

许子乔、许子牧（5岁）　　　　　小组合作　　　　　周基煜（5岁2个月）

白色的世界里有什么有趣的事儿？

邵梓潇（5岁3个月）

姬玉琪（5岁6个月）

倪易知（5岁2个月）

袁呈烨（4岁11个月）

嘘，下雨了，下神奇的雨了。

小组合作：下宝石雨咯，快伸出小手接住它们。

小组合作：哇哇哇，我们都变成小雨点，从天上"落"下来……

小组合作：彩虹色，亮晶晶的雨，真漂亮呀。

第四章 美，有一百种表达

美丽的花儿竞相开放,猜猜这是什么花儿。

小组合作

许家雁(4岁10个月)

王诗远(5岁2个月)

户馨怡(5岁10个月)

连可馨（5岁10个月）

薛晨欣（6岁7个月）

  儿童有一百种发现世界的办法，有一百种表达美的方法。亲爱的老师、爸爸妈妈们，你们准备好了吗，可有一百对倾听的耳朵、一百双欣赏的眼睛，去面对他们？
  来，让我们一齐响亮地回答："我们准备好了！"

后 记

合上书稿，脑海里满是孩子们生动活泼的样子：在黑漆漆的夜里戴着头灯到植物园找昆虫；搜罗出一大堆物件，满头大汗地一一尝试，只为找到最适合表达虫子爬行声音的那一件；收到"藏宝格"里朋友礼物的那种兴奋和骄傲；打不好绳结屡战屡败的沮丧和苦恼……课程实践真是一件很有意思的事情，它时刻督促我们叩问自己："你这样做是为了什么？儿童的发展在哪里？"让我们能清醒地审视和保持教育初心。它常常给我们各种儿童发展的惊喜，更坚定了"儿童是有能力的学习者"

的信心，庆幸自己没有随意夺走他们学习的自由。它还让我们看到了一个具有相同教育观和价值观的团队所蕴含的巨大能量，让迷茫的人生找到方向，给无助的人提供支撑，使犹豫的人迈出坚定的步伐，在与儿童的游戏中沉浸和成长。

记录下这些成长的点滴，也是一件幸福的事情。本书第一章撰写人黄蓉蓉，第二章撰写人程海霞，第三章统稿人高业璇、黄蓉蓉，第四章撰写人王佩斐。参与第三章故事撰写的有王莲萍、周钰欣、丁敏慧、舒沁、朱芸、袁梦倩、高业璇、陈怡、程伟、袁嘉婕、俞铭芳、王佩斐、柴利霞、程海霞、丁洪等。此外，还要感谢团队的老师们精心记录故事和提供儿童作品，感谢专家们对我们的指导与帮助，感谢孙缨、韩金玉、王天娟、章玲玉、王晓霞、陈慧英等退休前辈们提供珍贵老照片和咨询帮助。我想，所有走过的路都将在我们每一个人心中打下烙印，珍藏在美好的记忆中。

黄蓉蓉
2021年6月

图书在版编目（CIP）数据

美有一百种表达：幼儿园美诉课程 / 黄蓉蓉编著
. — 杭州：浙江教育出版社，2021.11（2024.6重印）
（幼儿园园本课程孵化丛书）
ISBN 978-7-5722-1190-4

Ⅰ．①美… Ⅱ．①黄… Ⅲ．①幼儿园－课程－教学研究 Ⅳ．①G612

中国版本图书馆CIP数据核字(2021)第216515号

幼儿园园本课程孵化丛书

美有一百种表达——幼儿园美诉课程

MEI YOU YIBAI ZHONG BIAODA——YOUERYUAN MEISU KECHENG

黄蓉蓉　编著

责任编辑：王　华	**责任校对**：余晓克
美术编辑：韩　波	**责任印务**：曹雨辰
封面设计：张曲如	

出版发行：浙江教育出版社
　　　　　（杭州市拱墅区环城北路177号　电话：0571-88909743）
图文制作：杭州万方图书有限公司
印　　刷：杭州富春印务有限公司

开　　本：889mm×1194mm　1/16	**印　张**：12.5	**字　数**：254 000
版　　次：2021年11月第1版	**印　次**：2024年6月第2次印刷	

标准书号：ISBN 978-7-5722-1190-4
定　　价：48.00元

如发现印装质量问题，影响阅读，请与本社市场营销部联系调换，
电话：0571-88909719。